WILHELM SCHMID • **Salınmak**

WILHELM SCHMID 1953'te Almanya'da Bavyera-Süebya (Schwaben) bölgesinde doğdu. Berlin, Paris ve Tübingen'de felsefe eğitimi aldı. Çeşitli Alman üniversitelerinde çalıştı, Riga ve Tiflis üniversitelerinde misafir öğretim üyeliği yaptı. Bir dönem Zürih'te bir hastanede hastalara "felsefeyle manevi destek" hizmetinde çalıştı. Halen Erfurt Üniversitesi'nde dışarıdan felsefe dersleri veriyor. Almanya'da ve dünyanın çeşitli yerlerinde tebliğler sunuyor. Yirmi beşi aşkın dile çevrilen kitaplarının dünya çapındaki satışı bir milyonun üzerindedir. İletişim'den yayımlanan kitapları: *Mutsuz Olmak. Bir Yüreklendirme* (2014), *Aşk. Neden Bu Kadar Zordur ve Yine de Nasıl Mümkün Olur?* (2014), *Sakin Olmak. Yaşlanırken Kazandıklarımız* (2015), *Arkadaşlıktaki Saadete Dair* (2015), *Düşmanlığın Faydaları* (2017), *Anne Baba ve Büyükanne Büyükbaba Olmanın Sevinçleri Üzerine* (2018), *Hediye Vermek ve Hediye Almak Üzerine* (2018), *Kendiyle Dost Olmak Hayatı Nasıl Kolaylaştırır?* (2019), *Dokunmanın Gücü Üzerine* (2020), *Seks Olmayınca - Yeniden Başlama Sanatı Üzerine* (2021) ve *Salınmak - Hayattan Sevinç Duyma Sanatı* (2024).

Schaukeln. Die kleine Kunst der Lebensfreude

İletişim Yayınları 3376 • Psykhe 54
ISBN-13: 978-975-05-3599-4

1-2. Baskı 2024, İstanbul
3. Baskı 2025, İstanbul

DİZİ EDİTÖRÜ Bahar Siber
KAPAK Suat Aysu
KAPAK ve İÇ İLLÜSTRASYONLAR Ceren Oykut
UYGULAMA Hüsnü Abbas
DÜZELTİ Nebiye Çavuş
BASKI Ayhan Matbaası · SERTİFİKA NO. 44870
Mahmutbey Mahallesi, 2622. Sokak, No: 6/41
Bağcılar 34218 İstanbul · Tel: 212.445 32 38
CİLT Güven Mücellit · SERTİFİKA NO. 45003
Mahmutbey Mahallesi, 2622. Sokak, No: 6
Bağcılar 34218 İstanbul · Tel: 212.445 00 04

İletişim Yayınları · SERTİFİKA NO. 40387
Cumhuriyet Caddesi, No. 36, Daire 3, Seyhan Apartmanı,
Harbiye Mahallesi, Elmadağ, Şişli 34367 İstanbul
Tel: 212.516 22 60-61-62 • Faks: 212.516 12 58
e-mail: iletisim@iletisim.com.tr • web: www.iletisim.com.tr

WILHELM SCHMID

Salınmak

Hayattan Sevinç Duyma Sanatı

Schaukeln
Die kleine Kunst der Lebensfreude

ÇEVİREN
Tanıl Bora

Not: Kitapta yer alan tüm dipnotlar çevirmene aittir.

İÇİNDEKİLER

ÖNSÖZ

Salıncak! Gezip tozuyorduk, epey büyümüş olan kızımız doğum gününde anne babasıyla küçük bir gezintiye çıkmak istemişti. Bir parkta birdenbire *heyecan patlamaları* kopartan o alet çıkıverdi önümüze: Salıncak! Arada ince ince yağmur yağan ferah, güzel bir gündü, salıncak adeta ısmarlanmışçasına uyuyordu manzaraya. Hatta, ahşap çerçeveye tutturulmuş, iki salıncaktılar. Boş oturak yerleri, hafif esintide davetkârca salınıyordu: Denesenize!

Biz de öyle yaptık. Harikuladeydi. Beni düşüncelere daldırdı. Hayatta ihtiyacımız olan şey, tam da salıncakta sallanmak değil mi? İvme verir, donup kalmayı önler. Bütün hayatı bir o yana bir bu yana sallanmak olarak anlayamaz mıyız zaten? Dışarının taleplerinin yorgunluğunu attığımız evimizdeki hayat ile ara ara evin daraltıcı havasından kaçtığımız dışarıdaki hayat arasında sallanıp durmak. Günlük hayatı sırtında taşıyan aile ilişkileri ile, gündelik hayatın dışında bir değişiklik sunan arkadaşlık ilişkileri arasında salınmak. Arkadaşlık ve uyum, bütün ilişkilerde, kaçınılmaz tatsızlıkları ve büyüyen anlaşmazlıkları dengeler. Arada sırada seyahate çıkmak, salıncağı tamamen alışıldık hayatın aksi yönüne sallayıp, sonra da salıncak geri savrulunca tekrar o alışıldık hayata dalmanın sevincini yaşamaya imkân verir. Hayatın akışı, zıtlar arasındaki gitgelleri sever.

Salıncakta sallanmanın nasıl bir sanata dönüşebileceğine, bir o yana bir bu yana salınmakla nasıl yaşam sevincini çoğaltabileceğimize dair bir şeyler yazmak istiyordum. Bir süre sonra bu düşünceleri, çoktandır bu sanatta alıştırmalar yapan karıma anlattığımda, bunun çok iyi bir fikir olduğunu söyledi – ama o an bana vermesi gereken bambaşka bir haber vardı. Hekim muayenesinden geliyordu. Teşhis, ileri evrede yemek borusu kanseriydi. Uygulanacak tedavi ne yazık ki sağaltıcı olamazdı, yani onu iyileştirmeyecekti, sadece palyatif bir tedavi uygulanabilir, yani ömür süresi uzatılabilirdi. Bir anda her şey değişiverdi.

O, meşrebine uygun biçimde, metanetle karşıladı bunu. Ben idrak edemiyordum. Yaşama sevincim bir saniyede sönüp gitmiş gibiydi. Oysa ne çok vardı bende o sevinçten! Bütün eklemler, duygular, düşünceler kurşun gibi ağırlaşmıştı. Nefes almak bile zor geliyordu. Sevinçle hayatı katediyor görünen çiftlere kıskançlıkla bakıyordum. Biz niye artık öyle değildik? Şimdi yaşam sevinciyle ilgili bir metinle mümkünü yok uğraşamazdım. Fakat sevgili karım, konudan ayrılmamam dileğinde bulundu, "Yoksa bana bir yardımın olmaz!" diyordu. Bunu, izahat ve tetkik haftaları izledi; sahiden doğru mu olduğuna hiç inanamadan, nasıl devam edeceğini hiç bilemeden. Bir ışın tedavisi, bir kemoterapi, bir ameliyat geçirdi, hepsi müthiş zorluydu ama üstesinden geldi. Ve ben, dünyamız salimken ve başımıza geleceklere dair en ufak bir sezgimiz bile yokken keşfettiğimiz o salıncağı hatırladım.

Uçurumun kıyısındayken bile hayatı salıncak olarak kavramak, devam edebilmek için bize en fazla yardımı dokunan şey oldu. Böyle bir durumda bile, bir o yana bir bu yana salınabiliyorduk. Hayatın bize dayattığı yük ile, güçlerimizi yeniden toplamayı sağlayan hafifleme arasında. Artık geri döndürülmesi mümkün olmayan kaderle didişmek ile, bir güzelliğin her şeye rağmen bizi sevinçle kanatlandırabilmesi arasında. Birbiri için var olmak ile, bu varoluşun yine de insana verebileceği yorgunluğu atmak üzere dinlenmek arasında. Çaresizliğin ümit kırıklığı ile samimi sohbetlerden cesaret bulmak arasında. İnsanlar hayatlarını ancak kısmen keyiflerine göre düzenleyebilirler. Diğer kısımlar ise umulandan farklı gelişir – sebepleri ne olursa olsun. Yaşama sanatı, hayatın güzel taraflarının tadına varma, ama aynı zamanda zor taraflarıyla baş edebilme sanatıdır.

Her şey akışta mıdır? Her şey sallanmaktadır! Hayat bir salıncaktır. Gerilimini veren odur. Öyle görünse bile, hep aynı kalmaz. Kâh sükûnete kavuşursunuz, kâh berhava oluverir. Kâh her şey hâkimiyetim altındadır, kâh kaybederim hâkimiyeti. Kendimizden emin olduğumuz anları, yine kendimizden şüphe izler. Terk edilmiş hissetmemek için birilerinin yakınlığını arar, sonra içime dönmek için tekrar mesafe koyarım. Ben'imi abarttığımda, başkalarıyla birlikte olmayı yeniden keşfederim. Geri çekilebileceğim özel alana ihtiyaç duyduğum gibi, ortak hayata katılabilmek için kamusal alanı da ararım. Huzur bulmak için kıra gitmek, sonra dinamizm kazanmak için şehre dönmek isterim. İrili ufaklı şenlikler gündelik hayatı salıncağa bindirirler – o şenlikli koşturmacanın yorgunluğundan arınmayı ister hale gelene kadar. Hayat hiçbir coşkuyu kaçırmamak demekse, tekrar nefes alabilmek için ayık olmaya mecbursunuz.

Bir o yana bir bu yana salınan sarkaçla barışık olmak, hayattan sevinç duyma sanatının ön koşuludur. Buna istidadı olmanın yardımı dokunur, fakat belirleyici olan, bütün sanatlardaki gibi, alıştırmadır. Bu sanatta alıştırma yapanlar için, hayat, kendiliğinden anlamlı olup olmadığından bağımsız olarak, anlam doludur. Onun aslında anlamsız olduğunu düşünenler de, hayatta sevinç bulabilirler. Yaşamaktan her an sevinç duyma beklentisi, bir yanlış anlama olurdu. *Daima* sevinçli olabilmek, ancak bir illüzyon olabilir. Sadece yorgunluk değil sevinç de, solgunlaşmasını önleyecek yoğunluğu geri kazanabilmek için dinlenmeye ihtiyaç duyar. Geriye şu soru kalıyor: *Mübah mıdır* bu, zor zamanlarda her şeye rağmen yaşama sevinci duyabilir miyiz? Tam da o zaman değilse, ne zaman duyacağız ki? Yoksa her şeyi idare edebilmemizi sağlayan o güçleri nereden edinebiliriz ki?

Bunların idrakine varabilmeyi, hayatımın talihi olan karım Astrid'e borçluyum. Yaşama sevinci, onun için olanca çelişkileriyle bütün hayatı kapsıyordu. Onun için doğal olanı, benim sonradan edinmem gerekti. Aramız limonileştiğinde ben ilişkinin bozulacağından korkup teslimiyete düştüm. O ise yine güzel olacağından emindi ve öyle olması için çok şey yaptı. Peki ya sağlıkla ilgili zorluklar? Karımın yaşam sevincini, hastalığın geri gelip de dünya olaylarının huzursuzluğunu, hatta o zamanki pandemi hadisesini tamamen arka plana atması bile bitiremedi. O dönemde bana güç veren şey, her gün göl kenarına giderek, onun hafif dalgalarıyla birlikte sadece bakarak bile salınabilmek oldu. Suyun yüzeyi düşüncelerimi toparladı, duygularımı dengeye kavuşturdu. Göl bunun için, orada durup durmaktan başka bir şey yapmadı. Bu kitap, son ümitler acı verici bir belirsizliğe, oradan da daha da acı verici bir kesinliğe dönüşürken, Berlin'deki Wann Gölü'nde meydana çıktı. Karımın hayatı sona meylederken ağladım orada, su suya karıştı.

Dünyadaki en sevdiğin insanı kaybetmek, kelimelerle ifade edilemeyecek kadar üzüntü verici. Yine de suyun kenarında teselli ve emniyet buldum ve yeniden salınmayı öğrendim: hudutsuz hüzün ile günleri bir çerçeveye oturtan, hayatı devam ettirme pragmatizmi arasında. O kadar yılı dolu dolu birlikte yaşamanın derin şükranı ile, bunun çok daha fazla yıl sürememesinin dindirilmez acısı arasında. İnsan hayatından başka bir zamanda devinen yakınımdaki su, düşüncemi genişletti. Tek tek damlalar bir insanın gelip gittiğinden çok daha kısa sürede gelip giderler, fakat binlerce yıllık bir devridaimin unsurlarıdırlar. Şu veya bu biçimde geri dönerler. Büyük kısmı sudan oluşan insan için de geçerli olamaz mı bu? Bu bakış açısı karımın hoşuna gitmişti. Bu kitap ona adanmıştır.

BİRİNCİ BÖLÜM

HIZ ALMAK: DİJİTALLEŞMENİN YORGUNLUĞUNDAN KURTULMAK

Salıncakta sallanmak, dans etmek gibidir. Hayatı daha salınımlı hale getirir, yerçekiminden azade kılar. Adeta. Buna karşılık gündelik normallikte kendine has, kayda değer bir yerçekimi vardır. Birçoklarının normal günlük hayatı böyledir: Ekranlara bakılır. Mola yoktur artık. Dijital denizlerde sörf yapmak cazip olabilir, ama uzun vadede ruhu köreltir. Normal olarak hayatı kolaylaştıran yardımlar sunan *app* (uygulama) tuğlalarıyla örülmüş ekranlar üzerinden, sosyal kanallarla kesintisiz temas halinde olmak, kaçınılmaz olarak tüketir insanı. Bu aletlerin aralıksız kullanımı, hayatı artık hissetmeme duygusu verir. Buna verilecek cevap, analogun salıncağıdır. Dijital salıncağı bir-iki defa *move*[1] vererek havaya savurmak, bedeni yeniden salınıma sokar ve reel çevreyle ilgili bir izlenim edinmeyi sağlar. Salıncağın tahtasına oturup bacakları kaldırıp kendini savurmak, yeter. Rüzgâr yanaklarınızı okşayacaktır.

Salıncakta sallanmak, şiirseldir. Modern insanlar, konu dinlenmeyle ilgili olsa bile tabii teknik mecazları tercih eder-

1 (İng.) Hareket, itki.

ler. Fosil çağda, birçoklarının kanında hâlâ benzin akarken, yeni yakıt "depolamak" gerekiyordu. Pil çağında aslolan, "aküyü yeniden doldurmak"tı, *human recharging.*[2] Salıncakta sallanırken ise bedensel hareket, tamamen kendiliğinden, kasılarak daralan ruhu gevşetir. Yeni nöronlar ve sinapslar oluşur ve bunlar *İnsan Zekâsı*'nı tahkim eder, böylece en azından bir müddetliğine yapay zekâya kafa tutabilirler. Bedenin hareketi aynı zamanda her türden hastalığa karşı en iyi önleyicidir, isterseniz hekiminize sorun. Her bedensel alıştırmanın, bir anlığına sörf yapmanın, instagramlamanın zahmetlerinden kurtulan benliğin bütünüyle yorgunluğunu atmasını sağlayan bir etkisi vardır. Elbette, biraz idmanla, salıncakta da haberleri *check* edip mesaj yazmak mümkündür; fakat salıncaktaki *on beş dakikalık tatil*, bir feragat için, *akıllı telefon perhizi* için, en uygun fırsattır.

Bir o yana bir bu yana savrulan bir salıncağa mecbur değiliz, başka salınma çeşitleri de amadedir. Birçokları, hayatlarını finanse eden ücretli iş ile onlara sevinç veren, hoşlandıkları faaliyet veya faaliyetsizlik arasında salınır. Kendini büyüleyici bir göreve adamak, usandırıcı yükümlülükleri daha çekilebilir hale getirir. Dışarı çıkmak, doğaya salınmak, ister düzenlenmiş parklar olsun ister yeniden-doğallaştırılmış ormanlar, çok caziptir. Temiz havada nefes kendiliğinden derinleşir ve ekranlar karşısındaki sığ nefesi dengeler. Dijital çağ her türden salınıma elverişlidir. İşyerinin artık sabit bir mekânı yoktur. Bir gezinti esnasında çalışmadan boş durmaya, boş durmaktan çalışmaya doğru sallanır, ormanın kıyısındaki banka oturup e-postalarımı cevaplar, sonra tekrar ormanın bana söylediği her şeye gözlerimi kulaklarımı açarım. Salınmak, bir şey yapmamanın faydasınadır; Endonezya dilinde *nongkrong* diyorlar, Kassel'deki *Documenta*

---

2 İnsanın yeniden şarj olması. Emek gücünü "tazelemeye" dönük alıştırmaları, teknikleri vb. anlatan bir işletme tabiri.

2022'de[3] öğrendiğimiz üzere. Yoksa boş durmak, hiçbir şey yapmamak da, çalışmanın bir türü müdür – dışarıdan çalışmak gibi görünmese de, kendim üzerinde ve ötekilerle ve dünyayla ilişkim üzerinde çalışıyor olabilir miyim?

Zaman ayırıp da kendi içinize dönerek bir şeyleri açıklığa kavuşturmak ve kendinizle barışık olmak isterseniz, içerik itibarıyla itinayla modernleştirilmiş Barok üslupla, Johann Sebastian Bach'ın "dünyevi ruhaniliğine" eşlik edebilir, "Kendimle neşe buldum," şarkısını söyleyebilirsiniz (*Kantatlar*, BWV 204). Bu, mütevazı bir sanat dalı olarak yaşama sevinci yolunda atılmış önemli bir adımdır: Fazlaca narsisizme dalmadan, kendi benliğiyle dost olmak. Kendiyle dost olmak, insanın kendisini daha iyi idare etmesini mümkün kılar, böylece ötekilere de samimi bir sevinçle yönelebilmenizi sağlayan kuvvetler açığa çıkar. Ayrıca bu, yaşam sevinci ne kadar fazla olursa olsun eksik kalmayan meydan okumalarla baş edecek enerji ve güvenle donatır insanı. Kendine değer atfeden bir benlik, hiçbir vakit kendi hayatından kopuk olmayan dünya haliyle de daha fazla ilgilenir. İnsanın kendi yenilenebilir enerjilerini dert etmesi, dünyanın yenilenebilir enerjilerini dert etmenin de temelidir – ekoloji salıncağı!

Salınmak, pratik deneyimin gösterdiği gibi, uygulamalı diyalektiktir. Hiç boş kalamadığınız bir zamanın ardından, hiçbir şey yapmamanın, boş durmanın zevki iyice büyük olur. Kendini bir hobiye, bir spora vermek, bir gerginliğin ardından insana çok iyi gelir. Oyun neşesi, hayatın ciddiyetinin en etkili zıddıdır. Hastalıkla, acıyla ve ölümle yüzleşmek, hayata duyulan açlığı bariz biçimde büyütebilir. Her tatsızlık, yeni bir zevk ihtiyacına varır. Lakin bir zevki tatmakta aşırıya giderseniz, tatsızlaşır. Özgürlüğün ne demek

---

3 Almanya'nın Kassel şehrinde beş yılda bir düzenlenen çağdaş sanat sergilerinin 15.'si.

olduğu, özgürlükten yoksun kalma tecrübesiyle daha kuvvetli biçimde bilince çıkar. Belki bu, ayrılıkların da bir sebebidir. Bir ilişkide kısıtlandığı hissedilen özgürlüğe duyulan özlem, ayrılığa sevk eder insanı. Başka bir ilişkide, yeni kısıtlamaları sineye çekmek üzere.

Zorunluluklar hayatı boğar mı? Tesadüflere açıklık, özellikle tesadüfi karşılaşmalara açık olmak, salınım hareketini başlatan yeni ivme verir. Hayatı kasten tesadüflere emanet etmenin bir imkânı, zar atmak olurdu. Ne var ki bundan doğacak müşküller, ilgililere artık tahammül edemeyecekleri kadar büyük zarar verebilir. *Zar Atan Adam* (*The Dice Man*, 1971) romanında George Cockcroft, Luke Rhinehart müstear adıyla, eğer bir insan bütün kararlarını zara bırakırsa başına neler gelebileceğine eğilir. Töreler darmaduman olacak, hiçbir ilişkiye güven kalmayacaktır. Salınmanın bir yanı da budur: İçeriden bakınca dert olarak görünen bir durumdan, bir düşünce oyunuyla salınır çıkarsınız. Dışarıdan bakarak, işin içinde ne olduğunu daha iyi değerlendirirsiniz. Böylece vardığınız yeni idrakle, salınarak duruma geri dönersiniz. Ya da cesaretinizi toplar, sahiden aşağı atlarsınız.

Yaşamak, salınmaktır. Kadim zamanlardan beri *ora et labora* adı altında hüküm süren ünlü bir salıncak vardır. Dua etmekle çalışmak arasına bir çan gibi bir o yana bir bu yana salınmak, manastır sakinlerinin yüzyıllar boyunca doygun bir hayat yaşamalarına imkân vermiştir, anlaşılan. Dünyevi âlemde, gerginlikle içe dönmek arasında salınmak, benzer bir kalıcı etki yaratabilir. Yahut, haz ile feragat arasında salınmak.

Feragat mi? Birçokları bunu işitmek bile istemez. Haz, ebediyen sürmelidir. "Çünkü haz, ebediyet ister," diye nazmetmişti Friedrich Nietzsche (Uyurgezerin şarkısı, *Böyle Buyurdu Zerdüşt*'ün 4. bölümünde). Böyle olmasını ister, fakat eline geçen, daima yalnızca geçiciliktir. Hazların zevkine varmaya itirazımız olmaz: Gerginliğini alır insanın. Harikadır. Tekrarlanabilir. Fakat bütün tecrübeler gösterir ki: Kalıcı bir durum olamaz.

Salınmak, hazların yorgunluğunu atmaya alan açarak, müstakbel hazlara zemin hazırlar. Dinlenmeyi reddetmek, daha kuvvetli cazibelere dönük arayışa yol verir, fakat onların etkisi de çok geçmeden yavanlaşır. Sorun, rehberlerin propaganda ettiği ve sosyal medyalarda sunulan hazların artık bir salınımı öngörmemesidir. Böylece insanlar, dur durak demeden, bir sonraki hazzın ne olacağı sorusunun işkence edici baskısına maruz kalırlar. Zihnindeki muhakkak zevk alma zorunluluğuyla kafayı yemeden, tek bir anın bile zevkini çıkartamazlar. Fakat hayat, sadece tat alarak değil, tatsız zamanlarla da baş ederek, doygun bir hayat olarak yaşanır. Her an "havamda" olmam, imkânsızdır. En güzel, en yükseklere salındığım hallerde bile, sevimsiz savrulmalar kaçınılmazdır. Tersine, her şeyin ters gittiği zamanlarda tekrar yukarılara salınmaya cüret etmek önemlidir.

İKİNCİ BÖLÜM

ALIŞTIRMA: RİYAZET,[1] SEVİNCE DOĞRU SALINMAK ÜZERE HIZ ALMAKTIR

1 Batı dillerinde *askese*. Çile/cilik anlamına da gelir; ama esasen, nefsine hâkimiyet iradesi – yani riyazet, zühd.

Salıncakta salınmayı da öğrenmek gerekir; ilk seferde beceremeyebilirsiniz, o zaman baştan başlarsınız. Önce tahtaya yarı oturup geriye doğru hız alır, sonra tam yüklenip bacaklarınızı kaldırırsınız, bedeninizin üst tarafını geriye atar, ileri doğru uçarsınız, oturduğunuz yere sıkı bastırır, bedeninizin üstünü dikeltir, aşağı doğru uçarsınız, sonra geriye doğru diklemesine, ardından ileri doğru aşağı devrilir, bedeninizin üstünü arkaya yaslar, ittirirsiniz ve böyle devam eder... Karmaşık mı geliyor? İdman, ustalaştırır. Alıştırma, *riyazettir*, eski Yunanca *askesis*'e tekabül eder. Alıştırma, bir kabiliyeti iyileştirmek ve artık üzerine düşünmeden yapılması gereken hareket serilerini alışkanlığa dönüştürmek üzere, tekrar etmektir. Müzikte veya sporda, antrenman da denen alıştırmaların önemi malumdur. Bunun sık sık riyazetle karıştırılan imtina ile pek fazla alakası yoktur. Her ne kadar, imtina etmek de bazen tavsiyeye şayan olsa bile – mesela teknik aletleri kullanırken, sadece bir *homo faber*, yani teknik insan olmayıp daha ziyade bir *homo universalis*[2] olabilmek için.

2 (Lat.) Evrensel insan, hezarfen.

Programın, tıpkı şimdi salıncağın iplerini sık sıkı tuttuğum gibi, kolayca kavranabilir olması gerekir ki, salınımın ivmesini almayı her seferinde daha iyi başarabileceğimi öğrenebileyim. İş bıkmadan usanmadan alıştırma yapmaktadır, her sanatın mahareti bundan doğar; küçük bir sanat olan yaşama sevinci mahareti de öyle. Çok sayıda alıştırma toplanınca, bir değişim hasıl eder. Her güne başlarken yapacağım birkaç dakika jimnastik, zaten asla yerimden kalkıp da girişemeyeceğim uzun koşudan daha değerlidir. Riyazet, büyük bir hedefi kolayca halledilecek küçük aşamalara ve ufacık adımlara bölerek, ivme kazanmaya yardımcı olur. Minik porsiyonlar sonu gelmez ertelemelere, korkulan *savsaklamaya* manidir. O zaman insanın cesaretini kıran devasa bir görev dikilmez önünüzde, sadece idare edebileceğiniz küçük bir görev vardır. Taşıyamayacağınız yüklerin altına girmek ise, gayretten geri durmaya yol açar. Her şeyi bir defada elde etmeyi istemek, çok geçmeden teslimiyeti getirir. Somut bir fikrin teşkil ettiği uzak bir hedefe doğru maraton koşarken, o hedefi gözünün önüne getirmenin faydası vardır fakat gereken adımları atmadan oraya varmış olmayı istemenin değil.

Sürekli alıştırmayla kabiliyeti geliştirme yöntemi, yaşama sevincinin temel unsuru olarak *tadına varabilme melekesine* de uyarlanabilir. Japon kültüründe olduğu gibi kendini bütün ayrıntıların tadına varmaya adamak, şüphesiz riyazetin en güzel biçimidir. Kahvenin ağaçtan fincana nasıl geldiğiyle ince ince ilgilenirsem, bu yaşam iksirinden daha fazlası nasip olur bana. Nüanslara daha duyarlı ve daha hünerli olursam, zevki inceltir ve rutinin getirdiği körelmeyi azaltırım. *Riyazetçi hazcılığın* araçlarıdır bunlar. İşte bunun için, kendini tutma ve geçici perhiz alıştırmaları da önemlidir. Daha azı sahiden de daha fazla olabilir bazen; bedenin aşırı asitlenmesi tehlikesi varsa, kahvede de öyle. Birkaç gün riyazetle tat alıcı sinirlerin tazelenmesi, öncekinden daha fazla zevk almayı sağlar. Harika bir yemeği daha nadir yemek, iştahı artırır. Daha az seks yapmak, arzuyu yoğunlaştırır. Daha az birlikte olmak, birlikte olmaktan alınan sevinci çoğaltır. Eski zevklerden imtina etmek yenilerine kapı açar; diyelim, beslenmemizi değiştirdiğimizde.

Bu, esrimeye hazırlık niteliğinde bir riyazettir, hep yeni baştan; büyük haz için derin nefes almayı ve ön sevinci uzatmayı sağlar. Zevk almaya dönük olarak kendini tutmak, *hazcı riyazet*, yüksekten uçuşu uzatabilir ve zirve noktasında bile birkaç lahza daha eğleşebilir. Herkes kendi tecrübesinden bilir, tam da bir sürelik riyazetçi perhizden sonra, gönüllü olarak veya istemeden, bir esrime yoğunluğu mümkün hale gelir – ve emsalini arar. Özellikle bedensel karşılaşmaların, *fleshmeets*'in[3] hazzı, şayet özlemi duyulan *bonfile saatlerinden*[4] yoksun kalınan bir sürenin ardından gelirse, fazlasıyla artırılabilir. Riyazetin hazzı çoğaltması, hemen tadına bakılmayan bir zevkin en nihayet o an gelene kadar kabarmasıyla gerçekleşir. Sırf bu nedenle, riyazetçi en büyük şehvet düşkünü olabilir.

Birçoklarının inanışının aksine, riyazet zevke düşman değildir yani, tam aksine: *Riyazeti beceren, hayattan daha çok şey alır.* En ilgiye değer şeyleri zaten hemen elde edemezsiniz. İhtiyaçların, başkalarının da müdahil olacağı tatmini için bekleyebilmek, onlar hazır olana dek, size zaman kazandırır. Sonsuza kadar beklemek zorunda kalmama umuduyla... İstikrarlı ilişkiler, böyle meydana gelir. Beklemenin pasif kalmak anlamına gelmesi gerekmez, uğraşmaya değer olanın gerçekleşmesi için usul usul çalışmakla da birleşebilir. Sadece elverişli tesadüflere bağlı değildir, bilgi edinmeye, başkalarıyla alışverişe girmeye, mahrumiyet dönemlerini atlatabilmeye, başarısızlıkları sineye çekmeye, hayal kırıklıklarını

---

3 (İng.) Düz anlamıyla, bedenlerin ("etlerin") karşılaşması. Esasen *online* yürüyen ilişkilerdeki yüz yüze fiziki karşılaşmaları tanımlayan bir terim.

4 Zevkli, güzel zaman aralığı, anlamında.

sindirmeye, yani bütün bunları sizi ileri taşıyacak bir emeğe dönüştürmeye de bağlıdır. Bekleyebilen, çok şey kazanabilir.

Riyazet kabiliyetleri, zevklere ara verilen zamanlardan da fayda sağlamayı kolaylaştırır. Salınmak, yaşama sevincinin bir küçük sanatıdır: Daha yüksek bir temas ve duygusallık derecesini temrin etmeyi başarırsanız, yaşama sevinçlerini muhafaza edebilir ve büyütebilirsiniz – seks olmadan da. Ruhsal alışverişin sevinçleri, bilhassa kendini tutma ve perhiz zamanlarında can bulur. Yüceltme dedikleri, bir *riyazetçi esrimedir*, bütün güçlerini seçilmiş nesnelere, projelere, çalışma ve görevlere yöneltme kabiliyetinin alıştırmasıdır. Bir faaliyete dalıp gitmenin, bir ödev için var olmanın, bir konuya yoğunlaşmanın, derin okumanın, heyecanlı sohbetin sevinçlerini belki ancak o zaman tadabilirsiniz. Uyuşturucu maddelerle kafayı bulmuyorsanız, sarhoşluğun yan etkisi olmaz.

Modern dünyada imkânların aşırılığıyla baş edebilmek için, *kısmi feragat* riyazeti kaçınılmazdır. Feragat edebilmek, "FOMO," *fear of missing out* denen bir şeyi kaçırma korkusunun en iyi panzehiridir. Sadece genç insanlar değildir, bundan muzdarip olan. Seçim yapmayan, kafayı yer. Bu, hiçbirini gerçekten yaşantılamaksızın birçok düğünde dans eder duruma düşmemek için, bir ilişkiye karar vermek gibi büyük meselelerle ilgilidir. Fakat her şeyden önce gündelik hayatın "Bu akşam ne yapayım?" gibi küçük meseleleriyle ilgilidir. Çabucak bir şeyler atıştırmak üzere bir yere gidebilirim, yarım saatliğine bir arkadaşımla buluşabilirim, bu arada birkaç *post* attırabilirim, şu partiye kısaca bir uğrayıp bakabilirim, en sonunda da evde Netflix dizilerine bakıp uyuklayabilirim. O zaman mümkün olan her şeyi yapmış olurum fakat geriye kala kala bir boşluk hissi kalır, çünkü hiçbir yerde tam anlamıyla bulunmamışımdır. Daha iyisi, bir şeyi seçip, hiçbir pişmanlık duymadan, diğerlerinden feragat etmemdir. O tek seçenek, beni krallar gibi ödüllendirir. Ya da ödüllendirmez. İşiniz her zaman yaver gitmez.

Daimî feragate dayanan bir riyazet de olabilir mi? Eğer zevkler beni veya başkalarını tehlikeye sokuyorsa mesela, olur. Zevk araçları salınımın unsurlarıdır, insana iyi gelen bir şey sayesinde hoş olmayan bir gerçeklikten en azından bir anlığına kaçmaya ve hüznün ortasında yeni bir sevinç yaratmaya yararlar. Benliğine dönük nahoş yan etkileri göze almak, insanın kendi özgür tercihidir. Feragat alıştırması yapmak da öyle. Kendi zevkimiz, özgür tercihte bulunmamış olan başkalarını tehlikeye düşürüyorsa, özgürlüğün sınırlarına dayanmışız demektir. Basit bir soru yetecektir durumu açıklığa kavuşturmaya: "Burada sigara içmeme bir itirazınız olur mu?"

Riyazet, tamamen *doğru ölçüyü* bulma alıştırmasıdır. Bunu, reel bir ölçü değil, olsa olsa istatistiki bir değer olan ortalama ile karıştırmamak gerekir. Sarhoşluktan ötürü yolun bir sağındaki bir solundaki çukura devrilen kişi, sendeleyip sendeleyip istatistiki açıdan tam ortayı isabet ettirmiş demektir. Doğru ölçü ise, yolun kenarlarındaki çukurların arasında salınmaktır. Gereğinden fazla ile gereğinden az arasında, sadece küçümsemeyle de ölçüsüz abartmayla da farkına varılabilecek olan yolu bulmaktır mesele. Hangi zevkin hangi ölçüsü, bana ve başkalarına kesinlikle iyi gelmiyor? Sınır çekme yerine *sınırlamalardan kurtulma* alıştırması olarak riyazet, bir hazzı bütün sınırların ötesine taşımayı öngörür, yalnız başına veya başkalarıyla birlikte – yeter ki özgür tercihe dayansın.

Cinsel konularda böyle bir alıştırma, frekansı tamamen koyvermek olabilir. Macerasever bir çift bunu denedi: 100 gün kesintisiz seks yaptılar, hakikaten büyük macera. Bu işten sağ çıkınca, birbirleriyle yeni bir yakınlaşma yaşadıklarını anlattılar kamuoyuna, fakat aynı zamanda oraları buraları yaralanmış, enfeksiyon bağışıklıkları düşmüştü ve gına getirmişlerdi. Demek ki doğru ölçü, sağlık açısından da önemli olabilir. Bunu teorik olarak saptayamaz, ancak salınma pratiğiyle idrak edebilirsiniz. Kişisel durumunuzun, hatta günlük formunuzun bile bunda etkisi vardır. Bugün hoşunuza giden seks, yarın cezbetmeyiverir. Bugün parmaklarınızı yedirten, yarın öbür gün hiç tat vermez. Bütün zevklerden feragat etmek ise, yaşama sevincinin fışkıran bir kaynağını kurutmak demektir. Hiçbir şeyden tat almayan insan, tatsızlaşır.

Doğru ölçü, *yeterlilik* olabilir, yani doygun, kemale ermiş olmak ve "daha fazlasına ihtiyacım yok" demek için kâfi (Latince *sufficit*) olan şey. Burada iş insanı zorlayan azami ölçüde değil, ona en iyi uyan *optimum* (en uygun) ölçüdedir. Bunu riyazetle temrin edebilirsiniz. Ölçü en uygunun altında kalmamalıdır, yoksa sevinciniz eksik kalır. Fazla abartmamalıdır da, yoksa aşırılık bıkkınlığı da beraberinde getirir. Doğru ölçü, nadiren *nicellikle* ilgilidir. Daha ziyade *nitelliğe* borçludur o; nitellik ister yemekte olsun, şarapta, kahvede, çikolatada, ister sekste, gereğinden azı fark eder ama haddinden fazlayla işi yoktur. Dozunda zevk, günlük hayata hoş bir değişiklik getirir. Doz aşımı ise, tahripkâr olabilen bir müptelalığa ayartabilir insanı.

Küçük yaşama sevinci sanatının, bütün bu sebeplerden dolayı, tozlanmış bir kavram olan riyazetin şerefini kurtaran bir kapsamı vardır. Zevk almayı öğrenmek ve zevk alma kabiliyetini geliştirmek için, alıştırmalardan yararlanır. Kendini tutma ve perhiz alıştırmasıyla zevklere dinlenme imkânı bahşeder ve sonrasında büyütür onları. Kısmi veya sürekli feragat alıştırması, aşırılık içinde kendini kaybetmemeye ve arada bir de başka zevk türlerine kaçmaya katkıda bulunur. En nihayet sınırları kaldırma alıştırmasıyla, insan kendi sınırlarını öğrenmeyi başarır. Peki salınmanın kendisinden alınan zevkte doğru ölçü nedir? Deneyim gösterecektir bunu. Koyvermeyecek, salıncağı daha yükseğe savuracaksınız. *Level up!*[5]

5 (İng.) Seviye atlamak.

ÜÇÜNCÜ BÖLÜM

Yukarıdan Uçmak: Büyük Coşku

İvme yakalamanın yorgunluğu, yüksek seviyeye çıkmanın sevinçleriyle ödüllendirilir. İvmelenmenin gerektirdiği gerilim, akan hareket içinde gerilimin atılmasına dönüşür. Hayatın içinde salınma rüyası, gerçek olur. Duyular tamamen uyanıktır. Hayattan sevinç duyma sanatı, onların, duyuların göğermesine bağlıdır. Kapıyı pencereyi açmamla dünya, duyularda, hazla içime dolar. Doğal bir haz atölyesidir duyular, yeter ki kullanayım onu. Zevkine vara vara görmek, işitmek, koklamak, tatmak, dokunmak, coşkuyu artırır, bu da hayatı kolaylaştırır, hatta duyusal sevinçlerin hayatın anlamına esaslı bir katkısı vardır.

Salıncaktan dünyayı görüşüm kuşunki gibidir. Mesele budur: onu *görmek*. Salınmak, salıncakta sallandığım süre boyunca ekranlara bakma köleliğinden kurtardığım *görme duyusunun* alıştırmasıdır. İleri yaşta birisinin salıncakta sallanmaktan sevinç duymasıyla eğlenen yüz ifadelerini algılamayı temrin ederim. Yoksa, (o sırada orada bulunmayan) çocukları salıncaktan yoksun bıraktığım için bir kınama mı görüyorumdur o yüzlerde? Belki de gözlerde "ben de yapsam" kıskançlığı mı parıldıyordur? Ağaçları, çalıları, yakınlardaki evlerin ön cephelerini de, gökyüzündeki sürekli değişim geçiren bulut geçişlerini de görürüm; yoksa hiç dönüp de bakmayacağımdır – zaman kıtlığından değil, dikkat kıtlığından. Çalıkuşu seviyesinden bakınca dünya öyle ince ince yapılandırılmıştır ki... Çok yukarılarımda rotalarını izleyen teknik kuşlar algılayamazlar bunu.

Salıncaktaki uçuş, ayrıca *işitme duyusunu* uyarır. Kulaklarımın dibinden kâh esip giden, kâh çırpınan rüzgârı duyarım. Tabii ki kulağımdaki AirPods'un *playlist*'inden en sevdiğim müziğin sesini de akıtabilirdim. Fakat kulaklarım açıktayken, dünyadan daha çok şey alabilirim. İnsanların konuşmaları, hayvanların sesleri, makine gürültüleri dört bir yandan sökün eder. Yakındaki küçük göldeki ördekler, işlek sokaktaki otomobillerden daha fazla tantana çıkartır. Şu sivri, tiz ciyaklama, tırtıllardan geliyordur. Sık çalılıklardaki serçelerin cıvıltısı, dallarda baş aşağı jimnastik yapan ve bir saniye susmayan baştankaraların incecik seslerini bastırır. Birkaç karga ağaçların tepesinde birbirlerine sertçe girişmiştir, "gak, gak, gak." Ses, sohbet vaktine has olağan seviyesinde de olabilir ama. İki başınızasınızdır, şefkatle, adeta fısıldayabilirsiniz birbirinize. Dünya ve içindeki her şey, böyle konuşur. Salıncakla yanından süzülürken dikkatle kulak verin, yeter.

Burnumun etrafını saran kokular, bana *koklama duyusunda* alıştırma imkânı verir. Bir nefes taze ıslaklık, yakınlarda bir yerlerde sular olduğunu sezdirir, onu hiç görmeden daha. Burnumla derinlere dalarım, Harold McGee'nin tanımıyla *nose dive.*[1] Bu yukarılara kadar gelen, kahve kokusu olmasın? Yoksa, salıncağa binmeden önce içtiğim *to go*'dan[2] dudaklarıma mı yapışmış sadece? Kokular, duyularıma yana-

1 (İng.) Burun dalışı.

2 (İng.) Alıp götürmek üzere sipariş verilmiş yiyecek, içecek.

şan anıların demirleme yerleridir; kelimenin tam anlamıyla öyledir, zira kolayca zihinsel duyuya, yani düşünce dünyasının yükleme iskelelerine ulaşırlar. Anılar, geçmiş zamanlara bir defa daha resmigeçit yaptırmayı mümkün kılar. Koku molekülleri koklama organının almaçlarını katederken, zihnimde martı çığlıklarıyla bir deniz melteminin kokusunu alırım. Bir anlığına denizde, tatilde bulurum kendimi. Bu, salıncakta geçen bir *osmodrama*'dır,[3] aşağıda duranların, gezenlerin haberi bile olmaz.

Tat alma duyusunun alıştırmasını, burada yukarıda doğrudan doğruya yapamam. En azından salıncakta sallanırken ipe tutunmadan hamburger, döner, pizza ve donutları mideye indirebilen akrobatlardan değilim. Düşüncelerimde kahvemin başında oturmayı sürdürmek yeter bana. Kahve benim havyarımdır. Her insanın havyara yani seçmeli bir lükse ihtiyacı vardır, fakat bundan ne anladığını herkes kendine göre tanımlar. Önemli olan, onu bir anlam duygusuyla doldurması, başkalarına fazla yük olmaması ve zor zamanları atlatmaya yaramasıdır. Kahve, günbegün, salıncağa binmeme yardım eder; her şey bir yana, evden bir süreliğine ayrılıp kafelerde en iyi tadı araştırmama vesile olarak yapar bunu. Orada *moleküler zevklerle* şımarırım. Espressoyu molekül molekül damağımdan aşağı akıtırım. Kuşkusuz bu da beni uçuran bir uyuşturucudur, fakat iptila potansiyeli sınırlıdır.

Tabii, salıncağı abartmamak için dikkat etmek gerekir. Coşku, ölçüyü kaçırmaya meyleder. Salıncağı daha da yukarı savurursam, vahşi türbülanslara yol açacak taklalar atma tehlikesi vardır. İpi iki elimle kavrarım, bu *dokunma duyusunun* bir alıştırmasıdır, arkamla tahtaya ancak salınımda kalmasını sağlayacak kadar bastırırım. Zen Budizmin telkinini önemserim: Her ne yapıyorsan, tüm enerjinle yap. Başka bir şey daha yapmaya kalkarak enerjini dağıtma. Salıncakta

3 (Yun.) Koku draması.

sallanıyorsam, şimdi benim tüm varlığım budur. Başımdan ayak parmaklarıma, tüm derimin sayısız gözeneklerinde hava moleküllerinin temasını hissederim. Bir o yana bir bu yana her salınışımda, yüzüme ve ellerime temas ederler. Temas ediyor ve temas alıyorum, o halde varım, *tango tangor ergo sum*. Dokunmak, düşünmekten daha fazla (*cogito ergo sum*),[4] varoluştan emin olmamı sağlar, bir illüzyon değildir. O kadar hoş olmayan bir temas, bunu pekiştirir. Kaba etim ufaktan ağrır. Yine de, varoluş duygusunu güçlendiren bir şey olduğunu söyleyebilirim burada.

Salıncak hareketi, nörobiyolojinin araştırmalarının bilinen beş duyuyu tamamlamak üzere ortaya koyduğu altıncı duyunun da idrak edilebilmesini sağlar. *Hareket duyusu* beyinde bedenin bütün devinimlerini koordine eder; bu devinimler alabildiğine basit zannedilen bir hareket serisinde bile o kadar karmaşıktır ki, beynin muhtelif bölgelerinde nöronlar ve sinapslar aktive olur. Salıncakta sallanırken onlar da, beynin muhtelif işlemlerinin, mesela düşünmenin hizmetine sunmak üzere alıştırma yaparlar. Beyin, bütün organlar gibi, faaliyetleri için oksijene ihtiyaç duyar. Hareket, bilinçli bir tercihte bulunmam gerekmeksizin, bunu temin eder. Salıncağın nerede asılı olduğunu bilen birisi için ekranlar, yürüyen merdivenler, otomobiller, elektronik bisikletler ve *scooter*lar onu ayarta dursun, hareketten feragat etmek gibi bir sorun olmaz. Salıncak mı çağırıyor? Peşinden giderim.

Ya şimdi ne hissediyorum? Ünlü yedinci duyunun da beynin yapılarına demir attığını gösterebiliriz. *Sezgi duyusu*, bedenin içlerinden ve çevresinden kaynaklanan, iç ve dış dünya üzerine değerli bilgilerin izlerini toplar. "Karnımızdaki his" bir icat değildir; karın bölgemizde sayısız biyolojik anten anbean binlerce veri toplar ve işlenmek üzere beyne ak-

---

4 (Lat.) Düşünüyorum, o halde varım.

tarır. Veriler söz konusu olduğu zaman, mesele hep onların nasıl yorumlanacağıdır: Ben ne durumdayım? Diğerleri ne vaziyette? Aramızdaki ilişki nasıl? Her şey yolunda mı yoksa uyumsuzluklar mı var? *İçim şarkı söylüyorsa,* bu iyi işarettir. İçimde alarm çanı çalıyorsa, neresi yanıyor diye kendi kendime sormam gerekir. Sıradan bir *veri işlemcisi* olmak yetmez. Daha ziyade yorumlama sanatına ihtiyaç vardır, o da birçok izi takip eden bir sezgi kuvvetini gerektirir. İsabetli yorumların başarı oranı, deneyimlerle yükselir. Deneyimler ise, zamana ve azar azar bir şeyler öğrenebileceğim bir dizi yanılgıya mal olur. Kendime ve başkalarına da sorarak, doğru izi bulurum.

Bütün duyularım uyanık olunca, salınmak *tüm-duyusal* bir deneyime dönüşür. Bunun yegâne önkoşulu, coşkuya kapılmaya amade olmaktır. O zaman fıkırdayan hormonlar işlerini yapar, büyülemişçesine sese renk verir, gözlerin enerjik çakımlarla parlamasını sağlar, burnu güzel kokulara açık hale getirir, derideki bütün gözenekleri temaslara açar, kasılmış kalçaları ritmik hareketlere, hantal zihni düşünsel salınımlara sevk eder; zihinsel esneklik, hormonal kayganlaştırıcıların nöronları sele vermesine bağlıdır. Geniş geniş salınan salıncaktaki çoklu zirveler, benliği fiziken, psişik olarak ve zihnen yeniler – tıpkı iyi seks gibi.

Salıncak oturağı şart mıdır bunun için? Tabii, gündelik tekdüzelikte yapılan her değişiklik, bir salıncak hareketidir. Duyusallığı geliştirmeye dönük her fırsat, her dışarı çıkış, her yükselme hissi, her zihinsel uçuş coşku verebilir insana. Gerçek bir salıncak yoksa el altında, en azından okuma gözlüğümle salınırım.

Duygularla düşünceler hep beraber sallanırlar. Zıt kutupları muhafaza eder, yukarıya emniyet hissine ve aşağıya çökkünlüğe savrulur, geniş ufukluluğun tepeleri ile ümitsizliğin çukuru arasında salınırlar. Bu en sık, uç ruh hallerinde fark ettirir kendini. En iyisi, onların ivmesine ayak diremek yerine birlikte salınmaktır. Duygular kabarırken kolaydır bu, ne güzeldir, daha daha istersiniz! Yoksa ardından bir düşüş gelmesini bekleyerek kendimi ona mı hazırlamalıyımdır, en iyisi? Peki ama o şahane duyguları neden elimizde daha uzun tutamayız, hatta sonsuza kadar?

DÖRDÜNCÜ BÖLÜM

EN YUKARIDA:
BAŞARI ÂNININ TADINA VARMAK

Salıncağı başarıyla yukarılara savurdum. Bunu başarmış olmak, iyi bir duygudur – salıncakta, belki sahici hayatta da. Aşağısı, ağırlıktır. Yukarısı, hafiflik. Asgari çabayla kalabilirim bu yükseklikte. Salıncak uçuşunun iki tepe noktasında tahtaya azıcık yüklenir, sonra yine yükseklik sayesinde kendiliğinden oluşan salınımın zevkine varırım. Başarının tadını olabildiği kadar uzun süre çıkarmak isterim; ta ki, alışıldığı üzere, birkaç soru belirene kadar.

Başarı, modern toplumun ve bilimin sihirli sözcüğüdür. Peki ama hayatın amacı başarı mıdır sahiden? Hangi başarı? Bir sınavı geçmenin veya bir projenin bir parçasını bile olsa halletmenin başarısı, harikadır; hele büyük bir girişimin veya hayatta zorlu bir vaziyetin üstesinden gelmenin başarısı. Kısmi veya çığır açıcı bir başarı olabilir, sadece benim ve birkaç başkasının haberdar olduğu özel bir başarı olabilir, yahut birçoklarının şaşkınlık veya kıskançlıkla karşıladığı kamusal bir başarı olabilir. Başka kimsenin cesaret etmediği bir şeye cesaret etmenin, başka kimsenin araştırmaya cesaret etmediği bir şeyi araştırmanın başarısı, fevkaladedir.

Başarı, kötü de gidebilecek bir şeyin iyi gitmesidir. İdeal ve maddiyat bakımından, insanların arzuladığı şeylere erişmelerini sağlar: Giriştikleri her şeyin tamamına ermesi, güzel ve onaylanmaya değer saydıkları her şeyi elde etmeleri, hayatta ve aşkta bol şans, anlamlı bir çalışma, geniş boş zaman, bir *post* karşılığında çok sayıda *like*. İdeal ve maddiyat, çok defa birbirinden ayrılmaz. Maddi olanaklara sahip olunca, bir aile kurmakta başarılı olmak daha kolaydır. Maddi olanakları elde etmek ise, her zaman sadece sevinç vermeyen faaliyetleri gerektirir. Başarıya büyük bir özlem duyulduğundan, başarıya giden yolu anlatan kitaplar başarılı olur. Lakin bu kitapların sahiden başarıya ulaşmaya yardımı olsaydı eğer, başarılı insanların ülkeye sığmaması gerekirdi, basbayağı. Başarılı olmak için –hangi türden başarı olursa olsun– ne gerekir?

Herkes başarı formülleri sunar – ben de sunuyorum: *Seni cezbeden şeyin peşinden git*. Bunu yapmak, muazzam enerjileri açığa çıkarır ve çok büyük doygunluk verir. Seni cezbeden bir uğraş, halihazır faaliyetinle bağdaştırılamıyorsa başka bir faaliyet ara veya koşullarını bir biçimde, seni en fazla heyecanlandıran bir hayatı mümkün kılacak şekilde ayarla.

Umulur ki, başkaları da yanında olsun, zira başarının iki numaralı formülü şudur: *Kimse başarıya giden yolu tek başına yürüyemez*. Herkes, onun iyiliğini isteyen başkalarının varlığına muhtaçtır. Gerçi başarılı insanlar, her şeyi sadece kendilerine mal etmeye eğilimlidirler. Fakat en geç yaşlandıklarında, geriye dönüp bakınca, en önemli anlarda yollarına devam edebilmeleri için onlara yardım etmiş olanları hatırlarlar. Behemehal, şu sorular gelir peşinden: Bunun için onlara hiç teşekkür ettim mi? Bana iyi koşullar sunmuş olan topluma ödemem gereken bir borç yok mu?

Ayrıca şunun da bilincinde olmalısın: Kimse hedefe dosdoğru ulaşmaz. Nitekim üç numaralı başarı formülü de şudur: *Dolambaçlardan kaçınma*. Dolambaçlar, yan yollar bizi daha akıllı yapar. Kendi yolumdan giderken, dolambaçta olduğumu her zaman bilemezdim. Birçok şey yaptıktan sonra, ancak bu yoldan ilerleyebileceğimi anladım. Dolambaç, bazen de birkaç adım geri gitmeyi gerektirir. Bundan her seferinde nefret etsem de, sineye çektim ve her seferinde biraz daha ileri gitmemi sağladı. Ayrıca karşımıza çıkan yeni durumlarda, çok defa eski kabiliyetlere ihtiyaç duyulur. Hiçbir şey boşuna değildir. Her şey günün birinde işe yarar.

Başarı nadiren bir defada vurulan bir volidir, ayrıca. Her şeyi bir seferde halletmek, imkânsızdır. *Azar azar ama sürekli*, dört numaralı başarı formülü budur. Küçük adımlarla ilerler, bir noktada başarının nelere muktedir olduğunu fark edersiniz. Bütün yaşamınız dinamikleşir. Başarı sevinç verir, kanat takar. Belirleyici olan, sebattır. *Nulla dies sine linea*, hiç değilse bir çizgi çekmeden tek bir gün geçmemelidir, diye eski bir sözü hatırlatır, resim sanatçısı Paul Klee günlüklerinde (Mart 1908).

Geriye herhalde en önemlisi olan beşinci başarı formülü kalıyor – gerçi bu kimsenin işitmek istemediği bir formüldür: *Başarısızlık*. Ondan çok şey öğrenebilirsiniz. Dışarıdan sanki kesintisiz başarılıymış gibi görünen insanlarla karşılaştığımda, konuşmanın akışı içinde asla hiç kimsenin görmediği başarısızlıklardan ve geriye düşmelerden bahsederler. Bunlar, şüpheye ve ümitsizliğe düşmeye, fakat akabinde neyin yanlış gittiği üzerine düşünüp duyarlılığını artırmaya ve şüpheli meseleyi daha iyi aydınlatmaya vesile olur; böylece hedefin doğru hedef olup olmadığını ve önünüze koyduğunuz görevi yerine getirmeye gayret edip etmeyeceğinizi sürekli yeniden sorgularsınız. Belki de başka bir hedef koymalı, başka bir görev tayin etmelisinizdir.

Peki diplerde olmanın maneviyat bozucu havasından nasıl çıkılır? Açılmış yaraların merhemi nedir? *Duygusal dayanıklılık, iyileşme kabiliyeti*, esneklik bir avantajdır; böylece başarısızlıklarda kırılmayıp yeniden ve başka bir şekilde yapmayı deneyebilirsiniz, ta ki bir neticeye ulaşana kadar, *from worst to first.*[1] Duygusal dayanıklılık genetik bir eğilim olabilir veya bunu elverişli bir toplumsal çevreye borçlu olabilirsiniz. Fakat bunlardan mahrum olsanız bile, şayet zor koşullardan sıyrılıp çıkma özlemi büyükse, başarının önünde hiçbir engel olamaz.

Duygusal dayanıklılık araştırmalarının gösterdiğine göre, çocuklar bile elverişsiz bir çevrede kendilerini kabul ettirebilirler. Bunun için güçlendirici ilişkilere ihtiyaç duyarlar; ebeveynleriyle olmasa bile, büyükanne ve büyükbabalarıyla, arkadaşlarıyla, öğretmenleri veya yardıma hazır olan başka insanlarla... Başkalarının geriye düşüşlerle ve başarısızlıklarla nasıl baş ettiğini ve çelişkileri nasıl bağdaştırabildiğini gösteren değerli bir örneğin (*best practice*) bulunması da, duygusal dayanıklılığa katkıda bulunur.

Elbette, salıncağımda salınırken konuşması kolay. Fakat yukarıdan bakınca, berbat koşullarda insanların hayatlarına ivme veren şeyin ne olduğunu daha berrak biçimde görebilirsiniz. Sözgelimi, kopma kabiliyeti, terapistlerin deyişiyle *dissosiyasyon*. Bu da bir salıncaktır: İnsanı boğan bir dar çevreden, tahayyül edilen uzaklara doğru salınabilmek. Daha iyi bir yaşam için böylece güç toplayabilir ve geleneksel çevrede alışılagelenden başka bir şeyler geliştirebilirsiniz. İleri gitmeyi sağlayan, soruların kendisidir: Geliştirebileceğim güçlü yanlarım nedir? Kabullenmem gereken zayıflıklarım nedir? Kaçınılmaz olarak hayal kırıklığı üreten mükemmellik dürtüsüne kapılmadan, kendimi ve kabiliyetlerimi nasıl iyileştirebilirim? Bunun için kimin ve neyin desteğini alabilirim, kimi bu amaca kazanabilirim?

Sahiden ona ulaştığınızda da, başarının gölgeli tarafı kendini gösterir. Başarıya ulaşmak zordur, fakat başarıyla baş et-

1 En kötüsünden, birinciliğe.

mek de zordur, başarıdan kopabilmek daha da zordur. Başarılı olmak bir şey, başarının üstesinden gelmek başka bir şey. Başarının tatlı zehri, sonsuza kadar böyle devam edeceği inancıdır. "Başarı kötü bir öğretmendir," der işi bilen birisi. "Akıllı insanları, asla kaybetmeyeceklerine inanmaya ayartır" (Bill Gates). İdeal iş için yaptığınız başvuru başarıya ulaştıysa, hayat salıncağında arkanıza yaslanmanız akla yakındır. Gereken neyse yapmış değil misinizdir? Veya hayatınızın insanını bulduysanız şanslı bir şekilde, onun uğruna daha niye çaba sarf edeceksiniz? Ve bir anda kendinizi yapayalnız ve terk edilmiş buluverirsiniz hayatın coğrafyasında.

Başarı ve sonuçları: Başarıda en büyük sorun başarının kendisidir, çünkü insanı lakayt ve kendini beğenmiş yapar. Acayip güçlü olduğunuzu zanneder, tam da bu nedenle zayıf düşersiniz. Başarı karakteri bozabilir. Başarılılar, başarılı olmayanlara tepeden bakmaya meylederler. Toplumsal duyarsızlaşma ise, başarılı olabilmenin çok defa gözden kaçan koşulu olan toplumsal ortak yaşamın altını oyar. Çok fazla sayıda başarılı insan başkalarını dert etmek istemez ve paralarını vatanlarının refahına katkısı olmayan vergi cennetlerine gömmeyi tercih eder hale gelirse, toplum çözülme tehlikesine girer.

Başarılı olanlara her şeyin hak olduğu fikri, başlı başına sinsi bir sorundur. Çünkü her şeyin değerden düşmesine varır. Her şeye değer kazandıran, kolayca elde edilememesidir. Günün birinde gerçekleştirme hedefiyle uğruna çalışmak zorunda olmak, çıkılacak büyük bir seyahatin anlamını büyütür. Uçağa atlayıp gitmek üzere hemen bileti alacak durumdaysanız, o kadar fazla bir şey ifade etmez. Hiçbir çaba sarf etmeden, öncesinde iple çekerken sevinmeden para harcayabilen için, paranın kendisi de değerini kaybeder.

Daha da sorunlusu: Başarı, ilişkileri değerden düşürür. İlişki uzun süredir farklı koşullarda sınanmamışsa eğer, başarılı olan kişi, ötekinin ilişkiyi birlikte olmaktan memnun olduğu için mi yoksa kendisi geniş kaynaklara sahip olan ve istismar edilebilecek bir *winner*[2] olduğu için mi sürdürdüğünden emin olamaz. Şaşkınlıkla gözlerini ovuşturur: "Bu kadar çok yeni arkadaş nereden çıktı, daha dün ortada yoktular?" Başarılı insanlar, her arkadaşla, hele partnerle ilgili aynı soruyla yüzleşirler: Hakiki bir arkadaşlık mı, sahici aşk mı, yoksa sahte mi? Benimle mi beraber o, yoksa mülkümle, nüfuzumla, paramla mı?

İşte o durumda, benliği salıncağın savurduğu yükseklerden tekrar yere indirecek bir aileye ve arkadaşlara sahip olmak, belirleyici önemdedir. Yoksa işler sarpa sarar. Başarılı kişi, başarı sarhoşluğu içinde başarısını baltalar. Tam da kibre kapıldığı ve kendini yaralanmaz, dokunulmaz sandığı sırada, onu yere serecek bir şey, bir başarısızlık, bir hastalık, bir politik dönüm noktası sinsice pusuda bekliyordur. Veya her şey tersine döner, sebebini bilemezsiniz. Kendimden bilmez miyim? Bir anda yokuş aşağı gider. Tam da hep yukarılarda kalacağımı zannettiğim o yerçekimsiz anda, yerçekimini yeniden hissedilebilir kılan görünmez bir fren etkisini göstermeye başlar. Salınım ivmesini kaybeder ve ben buna karşı koyamam.

2 (İng.) Kazanan.

BEŞİNCİ BÖLÜM

YERE İNİŞ: MİDEDE TATSIZ BİR DUYGU

İlla bitkinlik olması gerekmez, daha ziyade sıkılma hali... Hep yukarıda olmak sıkıcıdır. Zamanla yorar da. Tabii ki sonsuza kadar da süremez, başka türlüsü mümkün mü! Peki ama nasıl devam edecektir? Henüz inişte değilsinizdir, fakat yukarıdaysanız bundan sonra ilke olarak artık aşağı ineceğinizin sezgisi kendini duyurur. Yukarıdaki kim ve ne olursa olsun, kaçınılmaz olarak aşağısının yolunu tutacaktır, fizikte de insan hayatında da geçerli olan yerçekimi yasası budur. Gerçi hâlâ hareket halindeyimdir ve hemen tahtadan kayıp düşecek değilimdir ama açık ki, gerçekliğin ağırlığı aşağıda bekliyordur. Yükseklere ilk salınışımdaki gibi aydınlık bir kahkaha artık çıkmaz benden. Hava da kapanıyordur sanki. Kaba etimin ağrısı ciddileşmiştir, bir önlem almam gerekir.

Bir ara vermenin zamanıdır. Molalar, kimse bir şey yapmadan da girerler devreye. Etraflarından dolanabilir veya atlayabilirsiniz onları, fakat tavsiyeye şayan olan onları kabullenmenizdir. Bedenin, ruhun ve zihnin nefes alması gerektiğine dikkat çeken, şaşmaz işaretler vardır. Tatsız bir his, benliğimi ele geçirir. Öne arkaya sallanmamı yarım metre yüksekliği bulmayacak kadar düşürdüğümde bile bedenimin gerilmesinden ötürü midem kalkar, bağırsaklarımı bir çırpınma duygusu sarar. En tepede kuvvetle bir o yana bir bu yana sallanırken hoş bir gıdıklanma oluyordu, şimdiyse bir ara durumdayımdır, kötü bir his değil gerçi, ama artık iyi bir his de değil. Ufacık bir hızlanmada bile kusmak zorunda kalacağım duygusuna kapılırım. Kimdir veya nedir, beni kurtaracak olan?

Belki de, bunun da salıncakta sallanmanın bir unsuru olduğunu idrak etmek... Bunun için bir gayrette bulunmam gerekmeksizin, güçlü, başarılı yükseliş, güçsüz, ezik gibi bir inişe döner. Her şey her zaman şahane olamaz işte, en güzel aşk da olamaz, en heyecanlı hayat da olamaz, salıncakta sallanmak da olamaz. En sevinçli hazlar da, *hayatın kutupsallığına* diz çöktüremez. Sorun sadece, birçok başkaları gibi, sadece iyi hissetmenin saadetinin ve yaşama sevincinin oluşturduğu pozitif kutbu benimseyip, mutsuz kılan negatif kutuptan hoşlanmamamdadır. Fakat o kutbu ortadan kaldıramam. Birçokları denedi bunu, bireyler, çiftler, gruplar ve bütünüyle toplumlar (sosyalizm!). Hepsi akamete uğradı. Sebebi, bu girişimin nafileliğidir. Hayatın öteki tarafını frenleyebilir, yumuşatabilirsiniz en fazla.

Bütün insanlar kutupsallığın her yerde hazır ve nazır bulunan çehrelerini bilirler: Sevinç ve hiddet, uyum ve ihtilaf, huzur ve huzursuzluk, zevk ve acı, sağlık ve hastalık, güzellik ve çirkinlik, başarı ve başarısızlık, anlam ve anlamsızlık. Benliğin çelişkili çeşitlemelerini fark edersiniz burada; hep *evreler halinde* olur bu, bazen kısa süreli minik evreler, bazen daha fazla süren orta evreler, uzun süren uzun evreler. Bazen şahane zamanlardan geçerim, bazen üzüntülü zamanlardan. Fırtınayı sükûnet izler – tutkularda da öyledir. Bir sükûnet evresinin ardından huzursuzluğa kapılırım. Az evvel neşe içindeyken, şimdi hiddetle dolarım. Hayat aralıksız evreler halinde akar ve her evre, sonsuza kadar baki kalacağı izlenimini yaratır. Oysa evreler salıncağın bir o yana bir bu yana salınışı gibi değişirler. Yükseliş bir evredir, iniş öteki evre. Hayatın ritmi budur. Hayatın bu evrelerin değişimine dayanıklılığıdır, istikrar ve süreklilik izlenimini temin eden.

Salınmak, her zaman olan bir şeydir. Fakat hayat bir Hollywood salıncağı değildir. Bunu, coşkulu ve depresif haller arasında bir o yana bir yana savrulan insanların psişik durumunda görürüz. Bununla ilgili salıncakta sallanmaktan söz etmek, önemsizleştirmek gibi anlaşılabilir, fakat birçok durumda hayatın normalliğidir, "bipolar bozukluk" falan değil. Herkesin tanıklık edebileceği bu tecrübelerden, yükselme hissiyle tükenmişlik arasındaki gitgellerin tipik insan hali olduğu sonucu çıkar. Kimdir veya nedir bunun sorumlusu? Muhtemelen evrim. Zaman içinde, sarkacın salınımı bunu hasıl etmiştir; zira hayat, kendini korumak ve geliştirmek için gerilime ihtiyaç duyar. Bu da farkları ve zıt kutupları gerektirir, elektrik gibi.

Ruh da, beden de eşit derecede buna ayarlıdır. Salınmanın fizyolojik sebepleri ziyadesiyle basit, sıradandır. Sevinç hali, serotonin, dopamin, noradrenalin gibi hormon depolarının dolu olması sayesinde meydana gelir. Lakin ne kadar çok sevinirseniz, bu maddeleri o kadar çabuk tüketirsiniz. Sanki bir kapatma düğmesine basılmış gibi, o harika duygular birden yok olur. Depoların yeniden doldurulması gerekir. Sevinçsiz zamanların üstesinden gelmeyi sağlayan şey, talim edilen disiplindir; bu, mesela o an "keyif vermese de" çalışmaya devam etmeyi sağlayan bir riyazet biçimidir. Süreci kısaltıp hızla tesirini gösteren, genellikle yapay olarak üretilen maddelerle, uyuşturucular ve dopinglerle insanın sıkıp sıkıp kendi içinden daha fazla haz çıkartması mümkündür. Peki ama böyle bir *haz hırsının*, yaşama sevincinin küçük sanatıyla ne alakası olabilir? Fizyolojik his seviyesi ile psişik hal hep aynı düzeyde tutulabilecek olsaydı bile –tabii hep aynı derecede sevinçle–, bunun sonucu ancak cansız bir istatistik olurdu herhalde. En iyisi sallanmaya devam etmektir. Bu da, zirveleri ve dipleri de tecrübe etmek anlamına gelir.

Yaşamdan sevinç duyma sanatı, hayatın kutupsallığını bilmeye dayanır. Bu kutupsallığı ilke olarak kabullenmek, bir yöntem olarak *beraber salınmayı* mümkün kılar. Reddetmek de mümkündür bunu, fakat bu salınmayı sona erdirmez, sadece bütün hafiflemelerin sonunu getirir. Bu kabullenme temelinde, hangi evrede olduğuma göre sabır ve rahatlığı talim eder, böylece bir sonraki evrede sabırsızlığa ve huzursuzluğa daha iyi katlanabilirim. Halihazırdaysa salıncağımda, sürüncemelere tahammül göstermeyi, sessiz olmayı, güç tasarrufunda bulunmak üzere ince ince düşünmeye ara vermeyi temrin ederim. Şimdi kafada proje toplarını atıp tutmanın zamanı değildir, duyuların da mola yapması gerekir. Hatta hayatın az evvel emin bulunduğum anlamı bile bir an boşa düşer. Hakikaten, her şey anlamsız mıdır? Anlamsızlık daima güçsüzlükle bağlantılıdır, bilirim, fakat bunu bilmenin bana bir yararı yoktur. Duruma teslim olmuş vaziyetteyimdir.

Benim sorunum, iplere gevşekçe tutunmam. Bedenim itkisiz, salıncakla birlikte salınıyor. Kararlı bir hareket imkânsız. Salıncak dolanıyor, bazen bir yana, bazen öteki yana dikiliyor. İyi görünmediğini biliyorum fakat şimdi başkalarının sallanma tarzım hakkında ne düşüneceğini dert edecek halde değilim. Manasızca dikilip durmak veya belki de mecburen yorucu tefekkürlere dalmak üzere oturaktan kalkmak da istemiyorum. Derin düşüncelere daldığım, dolayısıyla değerli bir fikrin yitip gitmemesi için asla rahatsız edilmemem gerektiği izlenimini uyandırmaya çalışıyorum.

Aslında hiçbir fikrim yok, en azından kayda değer bir fikir yok. Bu durumda belirli bir şeyi düşünmek zaten müşkül olurdu. Nitekim gayrımevcut fikirler de bedenin reel olarak mevcut parçaları gibi etrafta takılıp dururlar ve silkinip de hiçbir işe kalkışamazlar. Salıncağı sallamaya devam etmek istemem, ama durmak da istemem. Daha ne kadar devam eder böyle?

ALTINCI BÖLÜM

YENİ İVME: BAŞKALARI YARDIMA GELİYOR

Yeni güçlere ancak "hoş geldin" denir. Etrafıma bakınıyorum. Acaba?.. Karım orada duruyor, görür, yapar; kızım da yardıma hazırdır. Sevenler, çocuklar, ebeveynler, arkadaşlar ve başka iyi niyetli insanlar, iniş halindeyken yeni bir ivme katkısı verebilirler. Herkes kendi tecrübesinden bilir, kendisi için biricik nitelikli bir başkasıyla beraberken ne kadar güçlü hissettiğini. Her cemaat, ufacık bile olsa, içkin enerjileri açığa çıkartır. İki kişi birbirinin arkasını kollar, ötekine kimi durumda ihtiyaç duyduğu ivmeyi verirler. Salıncakta bunu doğrudan tecrübe edebilirsiniz. İtimada şayan olan öteki, salıncakta sallananın arkasında dikildiğinde onun artık "Arkamda ne oluyor?" diye kaygılanması gerekmez. Başka bir vesileyle de ben olurum, ona yeni bir ivme için yardım eden. Herkes salıncakta kendi sallanır, fakat başkalarının yardımıyla daha azimle sallanır.

Anlam böyle oluşur: Başkalarıyla bağ içinde. Anlam ilişkisinin olduğu yerde ise, karşılıklı birbirini destekleyerek sallanmak, hayattaki anlamı tekâmül ettirir. İlişkiyi hem başlangıcında hem de sürekli yeniden pekiştirir. Bu arada ötekine (Latincesi *alter*) ivme vermeye amade olmak, asla salt diğerkâmca bir eylem değildir. Benliğin de kazancı vardır bunda, çünkü öteki verdiğim bu sevgi hizmetini unutmayacaktır. Eğer *ego*'suna rezilce gömülü değilse, günün birinde aldığı bu ivmenin karşılığını verecektir. Belki hemen, belki daha sonra – sadece parktaki salıncakta değil, her zaman bir zor durumla baş etmenin gerektiği hayat salıncağında da...

Benliğin kendisiyle ilişkisi, *benlik duygusu* ne kadar önemli ise, birbiri için bir şey yapabilmenin tecrübesinden de o kadar *cemaat duygusu* doğar. Salıncakta hayat bilgisi öğrenmektir bu: Hayatın muhtelif evreleri ve zıt kutupları arasında beraberce salınmak, ilişkileri sağlamlaştırır.

Daha evvel onlara el uzattıysam şayet, ötekiler bana daha da canla başla yardım ederler. Yardım etmenin gitgeline, bir *sosyal salıncağa* uzun süreler boyunca güvenebilirsiniz ve bu tüm hayata bir ivme verir. Bu sebepten, pozitif psikolojinin, negatif insanların sizi "aşağıya çekmesine" izin vermemenize dönük normatif tavsiyesi manasızdır. Salıncaktan düşme tehdidi altındayken ötekilerin bana mesafe almayacağını umma durumuna, günün birinde kaçınılmaz olarak bizzat ben düşeceğimdir. Birlikte eğlenmek harikadır, fakat toplumsal yaşamda belirleyici olan, öteki yıkkın vaziyetteyken dönüp gitmemektir. Yoksa benliğin gücü yetmez mi buna?

Salınmak, ötekilerle ilişkide arada bir mola vermeyi de gerektirir. Birbiri için var olmak güzeldir. Bunun temeli, kendisi için var olmaktır. Bu nedenle, sürekli dip dibe olmak yerine arada bir birazcık birbirinden uzaklaşmak anlamlı olur. Evreler arasındaki gitgeller, birlikteyken kendini tamamen vermeyi mümkün kılar; geri çekildiğinizde tekrar dinlenirsiniz. Geri gelmek üzere gidersiniz. Başka yerlerdeki sohbetlerden belki de eksikliğini çektiğiniz yeni ilhamlar bulur, taze enerjilerle geri dönersiniz. Yakınlarınız için yeniden güçlü, güvenilir bir hayat yoldaşı olmak üzere, uzaklardan yeni bir ivme alırsınız. Mola vermeyi ötekine de bahşetmelisiniz; o da aynı derecede ihtiyaç duyar buna – diyelim, insana doygunluk verdiği kadar yorucu da olan aile hayatından kısa süreliğine kaçmak için ("Artık yapamıyorum, biraz da sen üstlen lütfen"). Her şeyi tek başına üstlenmek zorunda olan da, umulur ki arkadaşlarından, akrabalarından, ahbaplarından veya komşularından, kısa süreliğine ötelere bir yere salınıp gelmesi için yardımcı olmalarını rica edebilir.

İşte salıncak ivmesini bulur yine. Yukarıda, dağ havasında, benliğin kendi zevkine varmasının en saf halindesinizdir. Salıncakta yerçekiminden kurtulmuş olarak geçirilen birkaç neşeli dakika mucizeler yaratabilir; bunu kendileri ayağını yerden kesmezken bana bu imkânı sağlayanlara borçluyumdur. Birçokları aşağıda durmuyorlardır bile. Destek veren bir kişinin fiziki varlığı şart değildir. Onların var olduğundan emin olmak yeter de artar. Sadece yakınımda duranlar da değildir bunlar, yaygın kanaatin aksine, her an ve her yerde bir yardımda bulunmaya amade olan çok sayıda insan vardır hayatta. Anlayış gösteren ve cömertçe arkasını kollayan dost ötekiler olmadan kimse yaşayamaz ve çalışamaz. Birçokları, zihinlerinde herhangi bir karşılık beklentisi olmadan bir insana yardımcı olmaktan sevinç duyarlar. Diyelim, buraları bilmeyen birisine yol tarif ederken bir karşılık bekler miyim? Tam da seyahatteyken, kişisel alış verişin her anından sevinç duyarım; özellikle yabancı çevrede bu çok iyi gelir insana. Birçok başkaları için de öyledir. Birbirini tanımayan insanlar arasında sevincin karşılıklılığı böyle oluşur.

Arkadaşlar arasındaki ilişkiler, uzun süreli samimi alışverişin karşılıklılığını sunar insana. Birlikte güzel zaman geçirmeyi, birbirine son hikâyeleri anlatmayı, endişesiz anlarını ve endişeleri paylaşmayı, sükûnet içindeki bir samimiyet halinde bir anda yine coşkuya kapılmayı, birbirine anlayış göstermeyi ve gerektiğinde birbirini teselli etmeyi sağlayan birçok vesile, *arkadaşlığın sevinçler*ini hasıl eder. Arkadaşlığa sıkı sıkı raptedilmiş bir salıncak vardır. Hiç sorunsuz, kâh birbirinize doğru kâh birbirinizden uzağa salınabilirsiniz. Arkadaşlar, tam ne zaman geri döneceklerini bildirmeden gidebilirler. Bütün bağlılıklarıyla, tamamen serbesttirler. Arkadaşlık, iyi ve kötü zamanlar arasında salınır. İhtilaf ve yanlış anlaşmalarda, bir süre öte yana salınınca, hiçbir şey olmamış gibi olur. Hafızada, yankısını uzun süre –birçokları ömür boyu– koruyan harika ortak tecrübeler kalır sadece. Geriye dönüp de "Ne kadar çok şey yaşadık!" diye hatırlamak, nasıl da çekicidir. Sorunlu zamanların hatırasını da kimse elden kaçırmak istemez artık: "Hatırlar mısın, o zamanlar..."

Arkadaşlık, *aşk salıncağını* salınımda tutmaya da katkıda bulunur hatta. Aşk romantizmle pragmatizm arasında, duyguların hükmü ile gündelik hayatın icapları arasında salınabilir. Aşkın sevinçlerini o kadar zevkli kılan hormonların sürekli yeniden (umulur ki) yükselmesi ile onların ara ara düşmesi ve devre dışı kalması arasında, evre evre salınırsınız, bu da her seferinde afallatır sizi. Aşkın yakınlığına mola verdiğinizde, sevenlerin yardımına arkadaşlık yetişir; ister kendi aralarındaki arkadaşlık olsun, ister başkalarıyla arkadaşlık. Sevenler, birlikte olmaktan gına getireceklerine, arkadaşları sayesinde onları birbirlerine yeniden yaklaştıracak mesafeyi kazanırlar. Hoş bir korunaklılık hissi veren yakınlık ile, herkesin kendi faaliyetleri ve projeleriyle meşgul olduğu mesafe arasındaki gitgel, böylece daha iyi yordamlanabilir. Uzun süreli bir ilişkinin sırrı, kendini her türlü salınma halinde görmektir. Ve yaratıcı bir zihin...

YEDİNCİ BÖLÜM

DÜŞÜNCELERİ UÇUŞTURMAK: *FLOW* VE *TRANCE*[1]

1 (İng.) Akış ve trans, vecd, kendinden geçme.

Dostça salınım halinde tutulduğum zaman, ayrıca bir gayrete girmem gerekmez. Çok şükür ki, ötekilerin de büyük çabalar göstermesi gerekmez. İleri doğru bir ivme vermek için omzumdan hafifçe dürtmek veya arkama küçük bir şaplak atmak yeter; bu bana ileriye dönük bir *drive*[2] verir, bu da yeniden geriye doğru salınmaya, salınımı geriye döndürmeye yeter, sonra yeniden ileriye salınırsınız, bir şaplakla... bir *perpetuum mobile.*[3] En azından, öteki de oyunu sürdürdüğü sürece.

Salınıma ivme verme ve salıncağın oturağını ittirip işitilmemiş yükseklere tırmanma dürtüsünü uzun süredir hissetmiyorum. Onun yerine, düşüncelerimi uçuşmaya bırakırım. Yaşama sevincinin küçük sanatı artık *hiçbir şey yapmadan durmaya* adanmıştır, sıkıntıdan çok uzak bir tecrübe olan genişleyen zamana... Hiçbir şey yapmadan boş vakit geçirmenin sevinci, bir *varoluş hazzıdır.* Alışıldık dünyamdan çıkar, bütün mecburiyetlerden azade, sadece var oldu-

2 (İng.) Hamle, dürtü.

3 (Lat.) İlk itkiyi aldıktan sonra ek enerjiye ihtiyaç duymadan işlemeyi sürdüren.

ğum başka bir dünyada yaşamaya koyulurum. Yapılacak bir ödev, yerine getirilecek bir amaç, ulaşılacak bir hedef yoktur. Hiçbir şeyin fayda sağlaması gerekmez, her şey her nasılsa öyle olabilir. Sonradan yine farklı olacaktır, ama şimdi bunu takmam. Yaşamak güzeldir, var olmak sevinç verir. Yaşamak *flow* olmalıdır, akan bir akış. Hayatın iyi akışı, *euroia biou*, Antik Yunan'da mutluluğun felsefi formülü bu değil miydi zaten?

Salınmak *titreşmektir*, iyi *vibe*'ları,[4] havadaki titreşimleri, ortamdaki zar zor algılanabilen titreyişi hissetmektir. Kendimi ve çevremi tamamen kaybettiğim bir *trance* haline girerim. Sanki salıncakta sallana sallana, bütün yorgunluklardan kurtulmamı sağlayacak olan uykuya uğurlanıyorumdur. Duyular ardına kadar açıktır, fakat hiçbir şey algılamam. Düşünceler içindeyimdir, fakat düşünen kişi ben değilimdir. *O*, düşünce, kendi kendine düşünür. Enine boyuna düşünür. Benim katkım, belirli bir düşünceye takılı kalmayıp, kendimi sürece emanet etmektir. Yaratıcılık denen şey, yaratıcı varoluş buradan çıkar. Yaratım (*creatio*), beyindeki nöronların dokunaçlarını dört bir yana uzatarak mümkün olan olmayan bütün bağlantıları sınayan, en ücra bağlantıları birbirine ilikleyen ve mesela kutup ayılarının yumurtlamasının mümkün olabileceğini varsayabilen sinapslar vasıtasıyla darmadağınık bir şekilde eklemlenmesiyle oluşur. Salıncağımda sallanırken ancak hayret edebileceğim yeni, farklı, şaşırtıcı fikirler düşer zihnime. *Ben* nedir? Hayatımın akışı içinde bir araya gelivermiş ve kendine "Ben" diyen, fakat şu an sadece seyredip seyrettiğinin tadına varan, sıkıştırılmış ve karmaşık bir nöronlar kombinasyonu olabilir.

Düşünme kabiliyetimi ben kendim meydana getirmiş değilim. Birçok şey birbirinin üstüne bina edildiği için, hedefe kitlenmiş izlenimi uyandıran, milyonlarca yıllık bir sü-

4 (İng.) Titreşim.

reç içinde ortaya çıkmıştır bu kabiliyet. Fakat her şey, doğanın hiçbir zaman bir hedefe odaklanmış olarak çalışmadığını, daima sadece tesadüf ilkesine göre tasarımlar yaptığını ve bunlardan hangilerinin hayatın muhafazasına ve geliştirilmesine katkıda bulunacağını pratik eylem içinde sınadığını gösterir. Küçük bir kısmı kendini kanıtlar, geri kalan büyük kısmı doğa hiçbir pişmanlık duymadan çöpe atar. Bu gelişimin her evresinde akıcı bir kaos vardır, bundan daha sağlam bir düzen hasıl olur. Ancak sonrasında, sanki her şey planlı bir şekilde tasarlanmış gibi görünür. İşte benim durumum da öyle. Ben de doğayım. Ancak kelimenin tam anlamıyla sonsuz zamana sahip olan dış doğanın evriminden farklı olarak, düşüncenin iç doğasında tasarımların ortaya atılması ve uygun olmayanların elenmesi, en kısa zamanda gerçekleşir. Bin fikir arasından, yola devam etmemi sağlayacak bir tanesi çıkacaktır.

Bazen sinapsın biri, daha uzun süreliğine çengel atar. O zaman, az evvel kafamda olmayan bir fikir, gayet berrak bir şekilde gözümün önüne geliverir. Bu büyük bir projeyle ilgili bir fikir olabileceği gibi, küçük ama incelikli bir formülasyonla ilgili de olabilir. Adeta hiç yoktan peyda olmuş bir esin, bir ilham, zihinde çakan bir şimşektir bu, zira öncesinde ortada bir şey yoktur. Ancak hemen gerçekleşecek değildir, bir fikirdir sadece. Yahut benim için uzun zamandır bir bilmece olan bağlantıları çözerim. Birbiriyle hiç alakası olmayan şeyler bağlantılı görünür. Bazı insanlar bunu alışkın bir şekilde, kolayca kıvırırlar, buna deha denir. Benim için salıncakta geçirilen boş zaman, zihin için ziyadesiyle bereketli bir zamandır. Olağan çalışmama gömülü olsam, bu düşünceye, bu fikirlere gelemem. Önümdeki işi halledeyim diye didinmek, tamamen tüketir beni. Yaratıcı olmak için verilecek tavsiye budur: *Yapılması gerekenden farklı bir şey yapmak.*

Salıncakta geçirilen boş zaman, ne yapacağını bilemez haldeyken de yardımcı olur insana. Bir soruyu sükûnet içinde evirir çevirir, olası cevapları önüme sermeye çalışırım. Sanki sorun bir nesneymişçesine, bütün cepheleriyle anlamak için düşüncemde kuşatırım onu. Bir astronotun uzayda salınması gibi konunun etrafında serbestçe salınır, konuya yaklaşabileceğim bakış açılarını sınarım. Bir yerde, temel alabileceğim ve ilişki kurabileceğim noktayı bulurum. O andan itibaren ilgim yakıcı bir şekilde o noktaya yoğunlaşır, "içinin nelerle dolu" olduğunu fark ederim. Bir karar vermek gerektiğinde, tartarım: Kararımı şu veya bu yönde verecek olursam neler olur ve hangi olasılıkla? En iyi enerjilerimi açığa çıkaracak, hücrelerimdeki mitokondrileri, santralleri harekete geçirecek tercihin hangisi olduğunu sezinlemeye, kendi görüş açımdan neyin doğru olacağına dair bir işaret görmeye çalışırım.

Salıncağı salınımda tutmama yardımcı olan başkalarının varlığı da hiçbir şey yapmadan geçirilen boş zamana katkıda bulunur ve yaratıcılığı teşvik eder. Onun yanımda olduğunu bilmek, bana sükûnet hediyesidir. Bir sohbete daldığımızda, bu konuşma ikimiz için de meydan okuma niteliğindedir. Söylenenler atıl enerjileri salınıma sokar, o enerjiler sözlerde dile gelerek heyecan veren, uyaran bir atmosferin deneyimlenmesini sağlarlar. Aramızda, içimizde, üzerimizde kıprașan hava yoğunlaşıp itkiler yağdıran bir ilham bulutuna dönüşür. Vahşice devinen sinapslar, konuşma durumu olmasaydı asla gün yüzü görmeyecek olan düşünceleri ortaya döker. Bu vaziyeti bir doğumla karşılaştırabilir miyiz? Sokrates öyle görüyordu. Konuşmalar yoluyla düşüncelerin doğmasına yardım etmek istiyordu – bir felsefi ebelik faaliyeti.

Bir sözü başka bir söz izler, böylece enerjiler salınarak karşılıklı yükselir, neticede konuşmanın taraflarını cesurane şeylere yüreklendiren o çıtırtılı gerilim meydana gelir. Uçuk kaçık yorumlar bir oyuna dönüşür; ciddi değildir neticede. Alışıldık *mindset*'i[5] kırmak için delilik yapmak mümkündür ve baş göz üstünedir. Ben tuhaf fikirler ileri sürerim, öteki kendini eğlenceye bırakır ve ipi çekmeye devam eder. Onun sorularının talep ettiği cevaplarım anında hazırdır, onların üzerine ancak sonradan düşünürüm. Öteki ise, zekâsı ve serinkanlı nüktedanlığıyla etkiler beni. Bana o kadar güvenmesi, ona şaşıracağı bir şeyler sunmam ve şimdiye kadar söylenmiş olanların voltajını beni dahi şaşırtacak kadar artırmam için kamçılar beni. Beklenmedik bir şekilde, yeni bir bakış açısının penceresi açılır. Daha önce hiç görmediğimiz olanaklar gözümüzün önüne serilir.

Harika bir durumdur bu, yaşamla ve taze fikirlerle dolu bir kaotik karmaşa. Çok yanlı eklemlenmeler, bir daha asla sorgulanmayacağı izlenimini uyandıracak bir *anlamı* tecrübe etmeyi sağlar. Her şeyin anlamlı bir şekilde iç içe geçmesi sevinç verir. Her şey bağıntılarla kaplanmış gibidir. Önemli sayılanın verdiği doygunluk hissinden daha kısa bir yol yoktur, anlama giden. Her şeye nüfuz eden, her şeyi bir bağlantı ağıyla örüp canlandıran enerjilerin mevcudiyeti, tensel olarak hissedilir. Sohbetin bir o yana bir bu yana salınan salıncağında, dijital *calls*'ta[6] tatmin edicilikten uzak olanın ne olduğunu fark ederim: Orada heyecan verici bir enerji alışverişi vuku bulmaz. Salıncak kancasından çıkarılmıştır.

Enerji, bütün görünüm biçimleriyle, yaratıcı insanın esinlerini alacağı imkân ve potansiyel *havuzunu* oluşturur. Bütün sonlu varlıkları ve şeyleri sonsuza doğru aşmak gibi bir inadı vardır enerjinin. *Flow* ve *trance* gibi enerji dolu yaşantılar, bu nedenle aynı zamanda aşkın deneyimlerdir. Latince *transire*, yani "ötesine geçmek" anlamında, geçişler veya daha iyisi başka durumlara doğru sallanma söz konusudur, bunlar alı-

---

5 (İng.) Düşünce kalıbı, tarzı.

6 (İng.) Konuşmalar, telefon konuşmaları.

şılmadık bir yoğunluk içeren ve benliğin bir enerjiler denizine dalmasını mümkün kılan durumlardır. Ruh hali, olan her şeyle uyum sağlamanın ruh halidir. İnsani olarak, evrensel sevgi hissi de olabilir orada; adeta, dinsel tecrübeler için de tipik görünen kozmik bir bağlanma duygusudur.

İllüzyonlar mıdır söz konusu olan? Fakat sahiden de varoluşun alabildiğine enerjiyle dolup taştığı bir haldir. Netameli bir enerji değil, bilinen ve bilinmeyen bütün enerji biçimlerinin her yerde hazır ve nazırlığı... Karanlık kış günlerinde özlemi duyulan güneş ışığı suretindeki enerji deneyimini herkes bilir. Bu, kelimenin tam anlamıyla insan bedeninde maddeleşen enerjidir. İnsanların aldıkları bütün maddi gıda, herkes her zaman bunun bilincinde olmasa da, neticede güneş enerjisine dayanır. Her benlik, ışıktan bir bedene sahiptir. Romantik hayalcilik değil, ayık kafayla yapılmış bir tespit bu.

Zihnimde böyle düşüncelerle, zamansızlık duygusu yayılır içimde. Her şey böyle devam etmeyebilir. Zamanın yine de geçiyor olması, ötekinin yorgunluğunda kendini gösterir; benim durumumda, *belirli bir* ötekinin, kolları gitgide takatsizleşen sevgili karımın yorgunluğudur. Benim kollarım da takatsizleşiyordur. Yorgunluk her yanımı sarar, zira çabasızlık da yorar insanı. Ayrıca açım. Belki de şu an böylesi iyidir. Hayatın salıncağı, bir *flow*'un insanı sürükleyen sellerinin veya bir *trance*'ın yumuşak dalgalarının bir noktada günlük yaşanan hayatın sahillerine vurarak yatışmasını sağlar. Salınmanın tümüyle sona ermesi değildir bu, fakat bir o yana bir bu yana şen şatır sallanmanın karşı kutbu, artık daha etkili bir şekilde kendini hissettirir.

SEKİZİNCİ BÖLÜM

UYUŞUKLUK: ARTIK NEŞE VERMİYOR

Gayrıihtiyari bir esnemeyle ağzım kocaman açılır. Salınmak saf neşedir, peki ama sürekli sevinç içinde olunabilir mi? Salıncakta sallanmanın anlamı hafifliğe ermektir, fakat bir noktada artık yorucu hale gelir. Dinlendirici olması düşünülen şey, zahmete dönüşür. Salınmak da seks gibi olabilir, fakat en güzel aşırılık gibi bu da neticede takatten kesilmeye varır. O kadar fazla hazza boğan şey, bir noktada artık zevk vermez. Hiçbir şey ve hiç kimse değildir bunun sorumlusu, basitçe, öylesine oluverir. Bedenen; yorgunluk bastığı için. Ruhen; iyi duygular da bir an gelip tavsayacağı için. Ve zihnen; sinapslar kayganlaştırıcı maddelerden mahrum kalıp düşünceler şevkini kaybetmeye başladığı için.

Hava değişimi, *vibe shift*. Şüphesiz bu, andığımız, yükselirken kafayı *takviye eden* maddelerle ilgilidir. Tıka basa dolu dopamin, serotonin, noradrenalin ve bedenin kendi endorfin ve Opiat [afyonlu ilaç] stokları bile zaman içinde aşınır, tükenirler. Ne kadar tükenirlerse de, rejenerasyon için ihtiyaç duydukları dinlenme süresi o kadar uzar. Bu durulmayı kabullenmem mi gerekir? Yeni cazibeler nerede kalmıştır? Daha ziyade bulantının, fenalaşmanın tahrikini hissederken içimde, bununla nasıl baş ederim? Süratli inişlerin midemi kaldırmasından mıdır acaba o fenalaşma? Abartıyor muyum? *Heyecanını* kaybetmiş hayat yaşamaya değer mi?

Hormonlar inkâr edilmez şekilde hermenötikle[1] bağlantılıdır. Hormonal vaziyet doğrudan doğruya, hermenötik olarak tanımlanan, düşünsel yorumlama sanatına nüfuz eder. Yukarılara salınmanın verdiği yükseklik duygusu içinde hayatı bir sevinç numunesi olarak yorumlamıştım, büyüleyici bir güzelliği vardı. Hormonların aşağılara doğru salınımında ise, hayatın hazin bir serencamının olduğu yorumuna meylederiz, daha hüzünlüsü olamaz. Sevinç can sıkıntısından korumaz, durum tamamen ümitsizdir, iyileşme umudu yoktur, bardağın yarısı boştur ve gitgide boşalmaktadır. Derken, akabinde durum o kadar da beter olmaz, umulmadık olanaklar doğar, güven duyarsınız, bardağın yarısı doludur ve gitgide dolmaktadır. Sonra bu yükseklikten düşüp tekrar dibe vurulur, anlamsızlığa gömülürüm. Sonra tekrar, önümde ışıl ışıl bir manzaranın uzandığı iyimserliğin zirvesine... Hayat!

Hayat bakış açıları arasında bir salıncaktır. Özellikle aşkta tecrübe edersiniz bunu. Az evvel, hormonların taşması, o heyecanlı "birlikte yaşlanalım" yorumunu dudaklara yerleştirmişti. Şimdiyse maddi temelli duyguların yitip gitmesi, artık aşkın lafını bile edemez hale getirmiş, "aldatılmış" olma hissini doğurmuştur. Bunların biri veya öteki sarsılmaz bir hakikat midir yoksa sırf durumsal bir yorum mu? Hermenötiğin öneminin bilincine varmak ve her anlık kabarmayı, keza hormonların her anlık sönümlenmesini bütün olarak aşkın yorumuna yansıtmak, âşıkların aklına bile gelmez.

Bunları dile getirmemin bir sebebi var. Ben aşkta daima *high life*'ı[2] hedefledim ve bir daha oradan aşağı inmek iste-

1 Yorumsama.

2 (İng.) Lüks hayat.

medim. Aşk, bir Bach kantatı gibi içten ve olgun olmalıydı, en iyisi hep baştan başlayan bir kantat gibi, *da capo*, fakat *ad infinitum.*[3]

Uzun süre, taşkın, canlı birlikteliğin istemeden bir sinirlilik haline dönüşmesiyle baş edemedim; neden böyle oluyordu ki? Olumlu enerjiler toz olduğu için mi? Sadece bu anlığına mı böyleydi, sadece bugünlük mü? Yoksa duygulardaki çöküntü, meselenin bizzat ilişkinin kendisi olduğuna mı işaret ediyordu?

Ben tam zamanlı coşku insanıydım, karım ise olsa olsa yarı zamanlı. Gerçi ben de yarı zamanlıydım, zira tam zamanlı coşku fazla yorucudur, fakat bunu görmek istemiyordum. Aşkın değişim safhaları için yorumun oynadığı rolün önemini bana usul usul öğreten *o* oldu: Her büyülenme safhasını ayıklık safhasının izlediğini, fakat büyülü zamanların hep geri dönebileceğini... Hayat, yoruma tabi evreler arasında salıncak gibi sallanır. Ara ara kapıldığımız "Havada asılı durma" duygusunun sebebi bu olabilir mi acaba? Salıncakta sallanırken tipik duygu bu değil midir zaten?

Buna katlanmaya mecbur muyum? Bir görüş açısının sıkı sıkı sabitlenmesi mümkün olamaz mı, mümkünse en elverişli görüş açısı? Fakat bu, salıncağı üzerindeki insanla beraber yükseldiği yere bağlamaya çalışmak gibi olurdu. Aşağıda yoldan geçenler için iyi bir eğlence olurdu bu, belki de polisi veya itfaiyeyi çağırma gereği duyarlardı. Buna rağmen birçokları, hayat salıncağında tasarruf edebileceği güçlerin çoğunu tam da bu denemeye yatırır. Gerçi hayatı sabitlemek sahiden mümkün değildir. Ancak kendinizi ve başkalarını kandırıp, hayatın her şeyin hep şahane olduğu zirvelerine mıhlanmış gibi yapmayı pekâlâ başarabilirsiniz. Ta ki yere çakılana kadar. Görüş açısını halatla bağlasanız da durmaz, zira hayatın hareketliliğine intibak edemez. Salınan gö-

3 (Lat.) Baştan beri/itibaren fakat sonsuzluğa.

rüş açısı, hayatın gitgelleri içinde karşıt yorumlara da kendini ispatlama şansı tanımasıyla daha istikrarlıdır.

Ancak şu an, artık salıncakta sallanmanın kendisi zevksizdir. Hayat değişim ister ve haldeki durumda bunu sallanmanın kendisini çekilmez kılarak temin eder. Sıkıntı, yaratıcı anlarıyla bir uzamış zaman değildir artık. Nasıl dolduracağımı bilemediğim bir boşluktur sadece. En iyisinin bırakıp aşağı inmek olacağı sezgisi, karşı konulmaz biçimde yükselir içimde. Bir zaman yeni baştan başlayabilirim sonuçta. İçimde başka bir şey, mümkün hale gelmek için bastırır açıkça, fakat bunun için önce o hoş salınma hali imkânsız hale gelmelidir. Ötekisi, ancak ondan sonra kendini gösterebilir; onun somut olarak nasıl görüneceğini de şimdiden bilemem.

Hayat, yükseklerdeki elektriklendirici gerilimden, enerjisini boşaltarak düzlüklere doğru geri salınır. Düşler sınırsızdı, zaman hissi dağılmıştı. Lakin en şahane yaşantı bile, zamanın geri dönüşüyle yüzleşir bir noktada; daha doğrusu, zamanın tekrar algılanır hale gelmesiyle yüzleşir – zira aslında hiçbir vakit yok olmamıştır. Bir anlığına, kafayı dağıtma imkânlarını aramanın ayartısına kapılırım. Akıllı telefonumu nereye koydum ki? Gelen mesajları kontrol edip ekranımda haberleri kaydırmanın vakti gelmedi mi? Saat kaç oldu tam olarak? Muhakkak icabet etmem gereken bir randevu yok muydu? Ertelemeye tahammülü olmayan her şeyi toparlayabilmek için, günün geri kalanında akışı ayarlamam gerek. Yapacak çok iş var; gün sona ermeden, sıkışık çeyrek saatleri değerlendirmeyi bilmem gerek yine. Hayata geri dönüşü daha fazla erteleyemem. Bunu kabullenmek de salınmaktır. Dengeyi bulmak lazımdır şimdi.

DOKUZUNCU BÖLÜM

Salınım Sönümlenirken: Ne Kadar da Güzeldi

Yeni bir itki olmadan, salıncağın salınımı kendiliğinden zayıflar. Yeryüzü yakınlaşır, gerçeklik beni yeniden ele geçirir. Karımın artık aşağıda olmadığını acıyla fark ederim. Gitmiştir, daha önce her geri dönüşümde olduğu gibi ışıl ışıl bir gülümsemeyle karşılamaz beni. Bir daha asla karşılamayacaktır. Bize, çocukların ve benim gözüme son bakışı, çok ciddi ve ölümcül bir hüzünle, aslında gitmeyi hiç istemediğini söylüyordu. Çocuklara daha küçüklüklerinden beri o muhteşem yaşam sevincini aktarmıştı. En büyük kaygısı, benim o sevinci kaybedecek olmamdı. Onu nasıl geri kazanabilirim ki?

Her şeye rağmen hâlâ var olan güzellikler sayesinde. Peki ama nerede bulacağım onları? Güzeli, güzel oluşundan fark edersiniz, diye ilan etmişti bir zamanlar birisi – dahiyane bir tanım, peki ama başka söyleyecek bir şey yok mu? Belki de güzelliği, tahrik etmesinden, ilham vermesinden, sevinç uyandırmasından veya başka bir şekilde onaylanmaya değer oluşundan geliyordur. Bana en fazla ne sevinç veriyor? Sadece şimdi salıncakta sallanırken değil, genel olarak hayatın bütün gitgelleri içinde? Tabii ki çocuklarım, geri kalan ailem, arkadaşlarım, işim, vazgeçmek istemediğim günlük kafe gezintim, doğup yetiştiğim sevgili memleketim, yaşamaktan gayet memnun olduğum seçilmiş memleketim, dünyanın zenginliğini gözlerimin önüne seren seyahatlerim. Ama hayatımdaki en güzel şey karımdı.

Birlikte sonsuz güzellikler yaşadık, daha az güzel olan şeyleri de –tabii onları da tanıdık– kolayca taşıyabildik böylece. Hayatın bana armağan edebildiği en muazzam şey oydu, onun sevgisi; hiç de muhtemel olmayan bir tesadüf, tanrısal bir baht, o olmayınca talihsizliğe dönüşen talihli bir kader. En güzel salınmanın bile bir sonunun geleceği doğru, ama bu kadar mı çabuk? Sadece 59 yaşındaydı. Diğer yandan, neredeyse 40 yıl birlikte olabilmiş olmamıza sevinmem gerekmez mi? Gerçek olan her şey sonludur ve bunu değiştirmek elimizden gelmiyorsa, kabullenmek daha iyi değil midir? Durumu daha fazla didiklemek istemem. O kadar güzeldi ki!

Les beaux moments sont trop courts, güzel anlar çok kısa, diye söyler *À l'aube revenant* ("Şafak sökerken geri dönen", 2020) albümündeki şarkısında Francis Cabrel. Şarkıda neden bahsettiği açıktır, fakat yalnız gecelerin zirveleri değildir asla geçmemesini isteyeceğiniz kadar güzel olan, gönül muhabbetinin çok daha uzun süren zamanları da güzeldir. Cabrel başka bir şarkısını sönmüş mumlara adamıştır, *Les bougies fondues*. Unutulmaz saatler söz konusu olduğunda, yanmakta olan mum ışığının romantik imgesi birçoklarının gözlerinin önündedir. Lakin sakin sakin titreşen mumlar da bir an gelir sönerler. *Vita brevis*, hayat kısadır, ne kadar uzun olursa olsun. İleriye doğru baktığınızda, ebediyen sürecek gibi görünür. Geriye dönüp baktığınızda, fazla hızlı geçmiştir. *Ars longa*, sadece sanat uzun sürer, eserdir geri kalan. Gösterişli mumların geride bıraktığı kısa mat anlara dair şarkılar, küçük eserlerdir. Gözlerinizi kapattığınızda geriye kalan hayat ise, büyük bir eserdir. Ölüm, o hayatta neleri gerçekleştirdiğinizi ve şimdi hayatınızın eseri olarak gözler önüne serileni mühür altına alır. Artık onun sadece yorumunu değiştirebilirsiniz.

Lakin korkunç bir şekilde eksikliğini çektiğiniz şey, sevdiğiniz insanın mevcudiyetidir. *Karım nerede*? İçimden bir ses hep onu soruyor. Hayata rağmen sevinç duymam nasıl mümkün olabilir? O olmadan, asla birlikte geçirdiğimiz en güzel zamanlarımızda olduğu gibi mutlulukla ışıyamam. Hoş anların verdiği esenlik duygusundan başka bir mutluluğa ihtiyacım var. Daha kapsamlı bir mutluluk olan *doygunluğun mutluluğu*, mutsuzluk deneyimlerince de sorgulanmaz, çünkü bu deneyimler de hayatın doygunluğunun bir parçası olarak anlaşılabilir. Muhtemelen, Antik Yunan felsefesinde *eudaimonia* denen şeydir bu: İçinde iyi (*eu*) bir ruha (*daimon*) sahip olmak, yaşam sevinciyle ve anlamla dolu olmak ve tam da bu nedenle ötekilere yüzünü dönmek. Bu mutluluktaki *sevinçli oluş*, *neşeli olmaktan* farklı olarak tesadüfi hormonal itkilere bağımlı olmadığından, süreklilik kazanabilir. Evet, hayatı kutlamaktır söz konusu olan, fakat doygunluğun saadeti sadece hayatın eğlenceli taraflarının kutlamasını yapmak değil, bütün çehreleriyle hayatı kabullenmektir.

Hayatın zamansal bir sınırının olmasıyla sert cepheleşme, yaşam sevincine karşı bir argüman değildir; daha ziyade onun lehine bir argümandır, çünkü hayatı değerli kılan işte o sınırdır. Karımın gönlünde de son anına kadar bu vardı: Sınırlanmışlığın tam bilinci içinde, sevinçten eksik kalmamak. *Memento mori*, ölümü düşün, evet, fakat *carpe diem*, günün tadını çıkar, onu olgun bir meyve gibi kopar dalından. Bunu yapmanın en iyi yolu, hayatta beni sevinçli olmayan günlerin de beklediğini, fakat bunların da bir bütün olarak yaşama sevincine halel getirmesi gerekmediğini kabullenebilmemdir. Hayatın salıncağı günbegün sevinç verici olanla üzücü olan arasında salınır, tek tek bireyler salınmayı istemese de, hayatın dışına savrulsa da.

Karımın zihnindekileri yansıttığına inandığım düşüncelerin tefekkürüne daldığımda, onun enerjisini içimde hissediyorum. Onu kocaman, apaydınlık, sıcak bir bulut gibi önümde duruyor görüyorum, yakınımda. Bu gücü kuşandığımda, neredeyse hayatta onunla birlikte yürüdüğümüz zamanlardaki gibi, yine güvenim tam oluyor. Artık mutsuzluğa teslim olmadığımı, insanların olumlu ve olumsuz yorumladığı bütün çelişkileriyle hayata hazır olduğumu hissediyorum. Kendinden emin olmakla kendinden şüphe etmek, cömertlikle cimrilik, cesaretle ürkeklik, akıllılıkla aptallık, sertlikle yumuşaklık arasındaki, tecrübeyle sabit çözemediğim içsel kutupsallığı, bu kutuplar arasında salınarak, daha iyi karşılayabiliyorum. Sinirimi bozan ötekilere müsamaha göstermeye çalışıyor; ben onları illet ettiğimde de aynısını kendim için umuyorum.

Peki niçin, bütün bunlar? Ancak şimdi fark ediyorum ki, her zaman her şeyi ikimiz için yapmışım. Bunun ötesinde bir niçin var mı? Her şeye cevap olacak bir niçin? Bir nihai amaç olmayabilir de pekâlâ. Karımın sözleriyle: "Her nasılsa, öyle; bunun ne olduğunu da bilmiyorum." Salınma halindeyken hayat, sadece kendi uğruna var olabilir, kendi başına bir amaç olabilir. Belki de hayatın anlamı, salınma hali devam ettiği müddetçe onu kutlamaktır bir yanıyla. Diğer yanıyla, sona erdiğinde ardından ağlamaktır. İkisi arasında da yılmadan yorulmadan kendini geliştirmeye çabalamaktır, çünkü doğa da öyle yapar, niçin diye de sormaz hiç. Benim açımdan, hayatımın geri kalanı için birkaç soru sormanın vakti geldi: Şimdiye kadarki hayatımda hoşlandığım neydi, hoşlanmadığım ne? Neyi değiştirebilir, iyileştirebilir, inceltebilirim? Bana hayatın içine tekrar atlama cesaretini verecek ve günlük hayata yeniden vasıl olmamı sağlayacak doygunluk hissini nereden alırım? Yaşama sevinci, o küçük sanat, salınımın sönümlenmesiyle sona ermeyecektir.

ONUNCU BÖLÜM

ATLAYIŞ: GÜNLÜK HAYATA VASIL OLURKEN

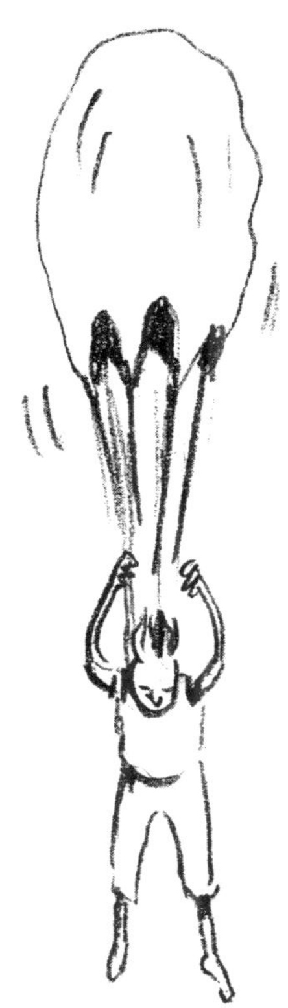

İnişe geçiyorum. Taşıt aracı noksanlığından, bacaklarımı gerip açıyorum. Havanın direnci iniş hızını düşürüyor, bir noktada aşağı atlamaya cesaret edebilirim. Jet pilotlarının becerebildiği gibi yumuşak bir inişten ziyade, bir paraşütçünün yuvarlanarak düşüşüne benziyor inişim. Maviliklere doğru bir uçuşun sonu, bütün zorlukları ve zorunluluklarıyla gündelik hayata dönüş. Daha yüksek imkânlarla karşılaşmamak, hayatın coğrafyasının sadece gerçekliğin düzlüklerinin hükmü altında olmadığını gösterdi bana en azından. Fakat şimdi geriye dönüş kaçınılmaz, çünkü kesintisiz gündelik hayatın dışında yaşamak imkânsızdır, yoksa bu yaşantı da bizzat bir gündelik hayata dönüşür. Cazibeli değişiklikleri gündelik hayat haline getirmeye dönük her çaba, o cazibenin yitimiyle sonuçlanır.

Tek başına idare etmek olacak şimdi benim gündelik hayatım. Kolay bir ödev değil, zira çok uzun süredir doğal olan, yalnız başına olmamaktı. Başkalarıyla ilişkileri de idare edebilmem gerekecek, karım bunu benden çok daha iyi becerirdi. Farklılıkların insanları ayırmaması gerektiğine dair şiirsel gündüz düşü, salınmanın büyülü coşkusuyla yükselişe geçmişti. Dünyevi gündelik hayat ise, nesrin soğukkanlı idrakini ister benden, burada birlik düşleri genellikle sabun köpüğünden ibarettir. İnsanları gerçi evrensel düzlemde sevebilirim, fakat olguların sert zemininde, bana yadırgatıcı gelen sayısız tercihleri ve antipatileri, kanaatleri ve çıkarlarıyla, haddinden fazla değişiktirler. Karım her zaman herkese anlayış gösterebilirdi. Bu bana çok daha zor geliyor. Fakat başkalarıyla ilişkimi bir şekilde yoluna koymalıyım – onlar da bir şekilde benimle olan ilişkilerini...

İki ayağım da yere bastığında, dizlerim titrer biraz. Astronot, kozmonot ve taykonotlar,[1] uzaydan dönüşte böyle hissediyor olmalılar. Yerçekimsizlik insanı nasıl kanatlandırdıysa, şimdi de yerçekimi o kadar ağırlık yapar. Tekrar dünyevi gündelik hayata alışmak arzulanır bir şey midir ki? Gündelik hayat, başka bir imkân çıkana kadar, şimdi tutunabileceğim gerçekliğin kefilidir en azından. Gerçeklik, zor imal edilen bir şeydir, onu her gün yeniden icat edemezsiniz. Bu nedenle hep aynı şeyin ebediyen geri dönüşüyle maluldür; o aynı şey, süreklilik arz eden sorunların, endişelerin, karşılaşmaların, pis işlerin, bıktırasıya iyi bildiğiniz düzenliliklerin, sevilen veya nefret edilen alışkanlıkların ve ritüellerin, tekrar tekrar katedilen yolların kendiliğinden sonucudur. Her şey hep baştan başlar ve hiçbir şey kendiliğinden hallolmaz. Salıncakta bir mola vermeye izin veren kaynakların da çalışarak kazanılması, faturaların ödenmesi, çamaşır makinesinin doldurulması, bulaşık makinesinin boşatılması gerekir. Ayrıca, akşama ne yiyeceğiz?

Hayatın hakikatinin adı, *Sisifos* olabilir. Peki ama Sisifos'u Albert Camus'nün düşündüğü gibi mutlu bir insan gibi mi tasavvur etmeliyim? Gündelik hayatın talep ettiği, sürekli tekrarlanan faaliyetlerdeki Sisifosvari emek, şayet gün boyu

---

1 Çincede uzay görevlerine yollananlara verilen ad.

yokuş yukarı yuvarladığım taşın ertesi sabah yine yokuşun başına inmiş olacağını kabullenirsem, sahiden de kolaylaşır. Günlük hayata atak bir şekilde dalar, onun kalıbına şen gönülle uyarsam, ayağıma daha az dolanır. Hatta bütün enerjimi onu reddetmeye harcamazsam, doygunluk bile verebilir gündeliklik. Karl Valentin'den ilhamla, onun yağmura sevindiği gibi ben de gündelik hayata sevinirim, çünkü sevinç duymayacak olsam da, o yine var olacaktır. Eğer onu olağan ve olağan dışı tecrübeler arasına bir o yana bir bu yana salınan, –ivme verildikçe de hızlanan– *hayat salıncağının* bir parçası olarak görürsem, kabullenmek daha kolay olacaktır. Bunu günlük kızgınlık kotası olarak kabullenecek olursam, sevinçle kızgınlık arasında salınmayı hayatın olağan hareketi olarak da düşünmem mümkün olur.

Gündeliğin normalliğinden uzağa doğru salınmak, işte şimdi beni onun daha yakınına getirdi. Artık onu dayatılan *norm* olarak değil, kendi seçtiğim, yaşam yardımı mahiyetinde bir *form* olarak anlamalıyım. Güçlerimi tasarruflu kullanmamı sağlayan doğallığı ve vatan duygusu veren tanıdıklığı normalliğe borçluyum. Bunun için, o kadar çok insan 2020'deki ilk Corona yılında, gayet sert ve beklenmedik bir şekilde elden giden "normalliği geri istiyor" idi. Normalliğin saadetlerinin kıymetini en iyi bilenler, ondan mahrum kalanlardır. Oysa genellikle sıkıcı ve boğucu olarak deneyimlenir. Fakat tam da anormallik bir sel gibi hayatımızı basınca, normallikten geri kalanlar bizi kurtaran bir adacığa dönüşür. Yaşama sanatının bir ödevi de, hayata hizmet eden normalliğin bakımını yapmak ve eskisi yıkıldığında yenisini yaratmaktır.

Normal gündelik hayat, sadece zorlu zamanlarda gelmez yardımımıza. Onunla nafile bir mücadeleye dalmak yerine kendini gündelik hayatın icaplarına bırakmak, her zaman, güçlerimizi gerçekten önemli gördüğümüze yoğunlaştırmayı sağlar. Gündelik hayat çerçevesinin güvenilirliği, gerek küçük gerek büyük şeyleri gerçekleştirmeyi sağlayabilecek bir platform sunar. Yeni fikirler getiren ve ufukta geleceğe dair olanakların belirmesini sağlayan ivmeli salıncak uçuşunun ardından, *down to earth*,[2] bunları gerçekleştirme aşaması gelir. Salıncakta başımın üzerinde esen bütün o tasavvurları, yere indiğimde adım adım bir zaman sırasına dizmem gerekir, önce şu, sonra bu; zira hayata geçirmenin riyazete uygun yolu budur. Gerçekleştirme sürecinin ayrıntılarıyla ve güncel durumun terslikleriyle zorlu hesaplaşmalara girmekten imtina edemem. Derine inen, sarsıcı değişimler de başka bir yerden değil, halihazır gerçeklikten başlar.

Günlük hayat, hayatın, aşkın ve çalışmanın doruklarına yapılacak hücumun ana üssü olarak iş görür. Günlük hayatı esas itibarıyla kabullenme tutumu, arada sırada başka şeylere yönelmek üzere ondan kopabilmenin de en iyi imkânıdır. Özellikle çok yakın ilişkilerde, gündelik hayatı kabullenmek, değişiklikler yapmayı mümkün kılar – ister yemek, çiçek, kıyafet, erotizm gibi güzel şeylerle, isterse gündelik hayatın dar geçidini havaya uçurmaya yardım edecek daha büyük gündelik hayat dışı girişimlerle. Uzun süreli bir ilişkide de, beraberce hayatın sevincine varmak üzere mumlar sürekli yeniden yakılabilir. Karım bu disiplinde ustaydı.

Peki ama hayat sona erince salıncağa ne olur? Son atlayışı da gerçekleştirdikten sonra ne olur? Ondan sonra insanın nereye vasıl olacağını ve hangi agregat biçimine dönüşeceğini kimse bilmiyor. Doğanın her alanında olduğu gibi, uyku ve uyanıklık safhaları arasında bir o yana bir bu yana salındığını gösteren birçok veri var. Kışın yeryüzünün altında kaybolan, ilkbaharda cesaretlenip tekrar boy gösterir. Geri dönüp gelen tamı tamına aynı hayat değildir, fakat farklılaşan biçimlenmelerin temelinde çok belli ki aynı enerjiler yatar.

2 (İng.) Yeryüzüne iniş.

Niçin insanlarda başka olsun? Bütün bedenlenmeler, bütün bedensizleşmeler ve bu ikisi arasındaki salınım, büyük olasılıkla her şeyi kapsayan enerjetik kürede saklı kalır. Karımın öyle bir yerde, daha açık bir tanımını yapamadığımız ebedi büyüklüğün içinde bir yerde gömülü olduğunu tahmin edebiliyorum. Ölümünden önce bana açıkça "Sözlerin ötesindeki ülkeden geldim – ve tekrar oraya döneceğim. Beni orada bulabilirsin – daima ve ebediyen," diye yazmıştı. Bu satırlara sürekli dönüp bakıyorum. Bunun gerçekten mümkün olabileceğini varsaymak, beni o küçük sanata, yaşama sevinci sanatına götürüyor yine.